Liesl Karlstadt

♦♦♦

kleine bayerische biografien

herausgegeben von
Thomas Götz

Zur Erinnerung an zwei großartige Frauen:
meine Mutter Christl Karl
(1946–2007)
und
meine Oma Anna Schwaiger
(1922–2010)

MICHAELA KARL

Liesl Karlstadt

Gesichter einer Frau und Künstlerin

*»Wissen S', auf der Bühne,
da hab i halt die Schneid,
aber nachher is alles wieder vorbei,
und i muss mich ehrlich plagen!
Gschenkt krieg i a nix.«*
　　　　　　　　Liesl Karlstadt

Verlag Friedrich Pustet
Regensburg

kleine bayerische biografien

♦♦♦

Biografien machen Vergangenheit lebendig: Keine andere literarische Gattung verbindet so anschaulich den Menschen mit seiner Zeit, das Besondere mit dem Allgemeinen, das Bedingte mit dem Bedingenden. So ist Lesen Lernen und Vergnügen zugleich.
Dafür sind gut 100 Seiten genug – also ein Wochenende, eine längere Bahnfahrt, zwei Nachmittage im Café. Wobei klein nicht leichtgewichtig heißt: Die Autoren sind Fachleute, die wissenschaftlich Fundiertes auch für den verständlich machen, der zwar allgemein interessiert, aber nicht speziell vorgebildet ist.
Bayern ist von nahezu einzigartiger Vielfalt: Seinen großen Geschichtslandschaften Altbayern, Franken und Schwaben eignen unverwechselbares Profil und historische Tiefenschärfe. Sie prägten ihre Menschen – und wurden geprägt durch die Männer und Frauen, um die es hier geht: Herrscher und Gelehrte, Politiker und Künstler, Geistliche und Unternehmer – und andere mehr.
Das wollen die KLEINEN BAYERISCHEN BIOGRAFIEN: bekannte Personen neu beleuchten, die unbekannten (wieder) entdecken – und alle zur Diskussion um eine zeitgemäße regionale Identität im Jahrhundert fortschreitender Globalisierung stellen. Eine Aufgabe mit Zukunft.

DR. THOMAS GÖTZ, Herausgeber der Buchreihe, geboren 1965, lehrt Neuere und Neueste Geschichte an der Universität Regensburg. Veröffentlichungen zu Stadt und Bürgertum in der Neuzeit.

Inhalt

Prolog: Wider das Vergessen **7**

1. Armes Münchner Kindl und fesche jugendliche Soubrette *oder* wie aus Elisabeth Wellano Liesl Karlstadt wird ... **10**
   Kindheit und Jugend / *Mädchenbildung am Ende des 19. Jahrhunderts / Die erwerbstätige Frau im Königreich Bayern* / Erste Bühnenerfahrungen / Eine schicksalhafte Begegnung

2. Karre mit der Zigarre und Frau Magistratsfunktionär Huber *oder* warum in Hosen vieles leichter ist ... **29**
   Die Geburt eines Traumpaares / Die Verwandlungskünstlerin / *Einführung des Frauenwahlrechts 1918* / Auf der Karriereleiter / Die Frau hinter den Kostümen

3. Eigenständige Künstlerin und schauspielernde Hebamme *oder* wie man sich in einer Männerwelt behauptet ... **47**
   Eine fruchtbare Zusammenarbeit / Vernachlässigt von der Kritik / Eine anstrengende Partnerschaft / Auf Tournee / *„Die Neue Frau"*

4. Bühnenehefrau und Geliebte *oder* warum Liebe manchmal weh tut ... **67**
   Eine verhängnisvolle Affäre / Die Ehefrau / Karl Valentin und die Frauen / Die junge Geliebte

5 Frau Vogl und Panoptikumsbesitzerin *oder* warum der eigene Weg oft der schwerste ist … **83**
Die Theaterschauspielerin / Weitere Fluchtversuche / Das Panoptikum

6 Patientin und verhinderte Selbstmörderin *oder* wenn dem Clown die Tränen kommen … **95**
Der Zusammenbruch / In der Klinik / Frühe Überforderung / Chronisch krank

7 Mulitreiber der Bayerischen Gebirgsjäger und Obergefreiter Gustav *oder* wie man mitten im Sturm die Ruhe findet … **111**
Auf nach Tirol / Obergefreiter Gustav / *Die Frau im Dritten Reich* / „Die deutsche Laugenbretzel" / Valentin im Dritten Reich

8 Balbina Puhlheller und Wally Brandl *oder* wie das Leben so spielt … **128**
Ein letztes Mal zu zweit / *Frauen in der Nachkriegszeit – Lebenswelt und langsame rechtliche Gleichstellung* / Karriere als Frau / Filmschauspielerin / Rundfunkstar / Mutter Brandl / *Das Frauenbild in der Adenauer-Ära* / Ein Münchener Wahrzeichen / Die letzten Tage

Epilog: Liesl Karlstadt – Die verkannte Künstlerin **147**

Anhang **150**
Zeittafel / Anmerkungen / Literaturverzeichnis / Bildnachweis / Dank

*»Die Zeit trägt einen Ranzen auf dem Rücken,
In dem sie Brocken sammelt fürs Vergessen,
Des Undanks großgefügtes Ungetüm.«*
(W. Shakespeare: Troilus und Cressida)

Prolog: Wider das Vergessen

An einem guten Tag besuchen bis zu 500 Menschen das Valentin-Karlstadt-Musäum im Isartor in München. Kein Reiseführer über die Bayerische Landeshauptstadt lässt das kuriose Musäum aus, in dem es Dinge wie den pelzbesetzten Winterzahnstocher, das Telefon des legendären Buchbinders Wanninger und den nichtrauchenden Vesuv gibt, der nicht raucht, weil das im Musäum verboten ist. Das Valentin-Karlstadt-Musäum ist seit vielen Jahren Anziehungspunkt für Münchener und Touristen, eine Attraktion die ihresgleichen sucht.

Bei ihren Führungen macht Leiterin Sabine Rinberger allerdings seit Langem eine verblüffende Beobachtung. Mehr als zwei Drittel der Besucher wissen nicht, wer Liesl Karlstadt ist. Sie kommen wegen Valentin, dem großen Künstler, dem anarchischen Wortakrobaten, und haben noch niemals von seiner kongenialen Partnerin gehört. Man mag es kaum glauben. Wie konnte ein Teil eines untrennbaren Duos in Vergessenheit geraten? Nicht bei den Münchenern, auch nicht bei den Zeitgenossen, aber bei den Jungen, bei den Fremden und auch bei denen, die sich durchaus für Valentin interessieren.

Die wenigsten wissen, dass das Museum längst Valentin-Karlstadt-Musäum heißt. Wenn sich Sabine Rinberger am Telefon so meldet, fragen Anrufer regelmäßig nach, ob sie denn nicht mit dem Valentin Museum verbunden wären. Völlig verblüffte Schulklassen erfahren hier, dass der Firmling über den sie sich so köstlich amüsieren, eine Frau ist.

Liesl Karlstadt war bei ihrem Tod 1960 die bekannteste Münchenerin. Ihr Biograf Theo Riegler schrieb, sie sei »im Laufe der Zeit zu einer offiziellen Münchener Einrichtung und Sehenswürdigkeit geworden – genau wie die Frauentürme oder der alte Peter.«[1] Als sie starb, war sie ein Star und im

Gegensatz zu Valentin fester Bestandteil bayerischer Kultur. Dies änderte sich in dem Maße, da Karl Valentin als großer Künstler wiederentdeckt wurde. Er galt bald als hohe Kunst, sie hingegen war nichts weiter als die Frau an seiner Seite. Er war der Kreative, sie wurde auf die reine Darstellung reduziert. Ein Paar, das künstlerisch und privat ohne einander nicht sein konnte, wurde durch die Rezeption der Nachwelt separiert. Er war ein Großer ohne sie, sie war nichts ohne ihn. Eine Bewertung, die, weil sie so lange aufrechterhalten wurde, letztlich dazu beigetragen hat, dass Liesl Karlstadt über die Grenzen Bayerns hinaus langsam in Vergessenheit geriet oder nur mehr als altbackene Heimatfilmschaupielerin der 50er-Jahre wahrgenommen wurde.

Dabei war Liesl Karlstadt eine der facettenreichsten Künstlerinnen des 20. Jahrhunderts. Sie war eine große Kreative, die einen enormen Anteil am Werk und am Erfolg des Duos Valentin-Karlstadt hatte. Privat und beruflich schlüpfte sie in so viele Rollen, dass es einen schier schwindelt. Sie, die so gerne als altbayerischer Barockengel verkauft wird, hat so viele verschiedene Gesichter, dass es schwer fällt, dahinter die Frau Liesl Karlstadt zu finden. Sie galt als charmant und liebenswert, gutmütig und mütterlich und war vor allem in ihren letzten Jahren die Verkörperung bayerischer Gemütlichkeit schlechthin. Wie wenig passten dazu ihr turbulentes Privatleben als Dauergeliebte des verheirateten Valentins oder ihre zahlreichen Liebhaber, die sich reihenweise in die schlagfertige und witzige Liesl Karlstadt verliebten. Sowohl die Künstlerin als auch die Frau Liesl Karlstadt, die in einer Zeit überholter Normen und Konventionen ein modernes selbstbestimmtes Leben führte, ist es wert, einem schleichenden Vergessen entrissen zu werden. Neue Generationen sollten nicht nur Karl Valentin begegnen, sondern auch der Frau, die mit diesem Unikum dichtete, spielte und lebte und es liebte.

So sehr mich die Tatsache erschüttert hat, dass eine derartige Neuentdeckung überhaupt nötig ist, so sehr hat mich ein besonderes Erlebnis darin bestärkt, dass es keineswegs zu spät ist. Einen Tag nachdem ich diese Biografie beendet hatte, ging ich zum Viktualienmarkt und brachte Liesl Karlstadt Blumen. Meine Versuche, die Blumen an ihrer Brunnenstatue zu befestigen, waren zunächst nicht von Erfolg gekrönt. Ich hopste etwas hilflos auf und ab, zu klein, um die Blumen richtig festzumachen. Doch es dauerte nicht lange, da erhielt ich Hilfe von allen Seiten. Ein Standlbesitzer brachte mir eine Schnur, ein anderer einen Draht. Ein dritter schleppte eine Trittleiter an, und begleitet von den hilfreichen Kommentaren der Viktualienmarktbesucher, die sich zu Füßen Liesl Karlstadts ein Bier genehmigten, schafften wir es schließlich mit vereinten Kräften, ihr die Blumen in den Arm zu legen. Es wurde ein wunderschöner Nachmittag am Karlstadtbrunnen, mit netten Gesprächen und besonderen Begegnungen. Und spätestens da wusste ich, was ich während des Schreibens immer vermutet hatte: Karl Valentin wird bewundert und verehrt, Liesl Karlstadt aber wird von denen, die sie kennen, geliebt. Möge dieses Buch dazu beitragen, dass derer noch mehr werden.

»Wir (...) sind ja beide Münchner Kindln.
Er ist aus der Au.
Ich bin aus Schwabing.
Also Bohème-Einschlag!«
(Liesl Karlstadt)

1 Armes Münchner Kindl und fesche jugendliche Soubrette *oder* wie aus Elisabeth Wellano Liesl Karlstadt wird ...

KINDHEIT UND JUGEND

Liesl Karlstadt wird am 12. Dezember 1892 als Elisabeth Wellano in München geboren. Ihre Mutter Agathe Edenhofer stammt aus Regen im Bayerischen Wald und hatte am 23. November 1882 den Bäcker Ignaz Wellano aus Osterhofen geheiratet. Sie lebten zunächst im niederbayerischen Osterhofen, ehe sie auf der Suche nach einem besseren Leben im September 1889 samt ihren Kindern nach München zogen. Hier kommt als fünftes von neun Kindern die kleine Elisabeth zur Welt. Sie ist bei ihrer Geburt so winzig, dass sie, wie Liesl Karlstadt später bemerkt, ohne Probleme in einen Maßkrug gepasst hätte. Neben Elisabeth gibt es noch Maria (1884), Ludwig (1886–1890), Franz Xaver (1888) und Agathe (1889–1891). Später kommen noch Hermann (1894–1909), Josef (1897–1901), Ludwig (1900–1900) und Amalie (1902) hinzu, die just am selben Tag Geburtstag hat wie Elisabeth. Vier ihrer Geschwister sterben noch im Kindesalter.

Die Familie lebt in einer Einzimmerwohnung in der Zieblandstraße 11 in München-Schwabing, die Küche, Wohn-, Schlaf- und Kinderzimmer zugleich ist. Es herrschen bitterarme Verhältnisse, obwohl sich die Eltern nach Kräften bemühen, die Familie über Wasser zu halten. Ignaz Wellano arbeitet als Brotschießer in der Dombäckerei Ringler am Frauenplatz und achtet vor dem heißen Backofen darauf, dass die Brote nach der richtigen Backzeit aus dem Ofen kommen. Wenn er am Vormittag nach getaner Arbeit hundemüde ins Bett fällt, schleichen die Kinder auf Zehenspitzen durch die Wohnung, um den Vater nicht zu wecken. An unbeschwertes Lärmen und Toben ist nicht zu denken, die Kinder lernen früh still zu schweigen. Doch auch wenn Ignaz Wellano fleißig ist, sein Verdienst reicht nicht aus, um die Familie zu ernähren. Um das kärgliche Familieneinkommen aufzubessern, eröffnet die Mutter schließlich einen kleinen Milchladen auf der Schwanthalerhöhe. Hier müssen auch die Kinder mit anpacken. Am frühen Morgen, noch vor Schulbeginn, trägt die kleine Elisabeth die Milch aus.

Liesl Karlstadt als Kind, um 1895

Dennoch bleibt Schmalhans Küchenmeister. Auf dem Speiseplan der Familie Wellano stehen zumeist Kartoffeln und trocken Brot. An Festtagen wird für 10 Pfennig warmer Leberkäs eingekauft, und wenn die Kinder genug gespart haben, gönnen sie sich angestoßenes Obst. Es ist ein entbehrungsreiches Leben, in dem jeder noch so kleine Genuss mit größter Wonne zelebriert wird: »Wie bescheiden sind wir doch damals aufgewachsen. In der Vorweihnachtszeit hat uns die Mutter Geschichten erzählt – am Sonntag gabs einige selbstgebackene Weihnachtsplätzchen u. manchmal wenn ich recht brav war, durfte ich mir für 10 Pfennig ein Stück Girafftorte kaufen, was meine Leibspeise war. Immer dachte ich mir dabei, wenn i amal groß bin – kauf ich mir eine *ganze* Girafftorte«, erzählt Liesl Karlstadt später.[2] So habe sie früh gelernt, die kleinen Dinge im Leben zu schätzen und sich auch über

Kleinigkeiten zu freuen. So auch bei ihrer Firmung. Während ihre Klassenkameradinnen zur Firmung eine Uhr erhalten, bekommt Elisabeth einen roten Kleiderstoff, ein Gebetbuch und einen Rosenkranz, der sich in einem gedrechselten Ei befindet. Wie wertvoll ihr dieser Rosenkranz ist, zeigt sich nicht zuletzt daran, dass sie ihn bis zu ihrem Tod aufbewahrt. Vielleicht sind ihr die Geschenke aber auch deshalb so kostbar, weil es so schwer für sie ist, überhaupt eine Firmpatin zu finden: »Wir warn ja ganz arme Leut, und mei Mutter is glegen, und die Firmung is immer näher kommen. Wie sie mich dann einmal in die Adalbertstraß gschickt hat um ein Petroleum zur Kramerin, da hab ich gwart, bis alle Leut fort warn, und dann hab ich zur Kramerin gsagt: ›Bitt schön, können S'net mei Firmpatin machen?‹ Die Kramerin hat gsagt: ›Ja, mei, Lieserl, i bin aa krank, aber vielleicht macht's mei Tochter!‹ Die Kramerstochter hat dann auch wirklich die Firmpatin gmacht, in der Josephskirche.«[3]

Ihre erste Dampftrambahnfahrt, die sie mit der Firmpatin hinaus nach Nymphenburg in die Gaststätte ›Controlor‹ unternimmt, bleibt ihr in ewiger Erinnerung.

Elisabeths Kindheit ist geprägt von Armut und der schrecklichen Enge, in der die Wellanos leben. Privatsphäre und Rückzugsgebiete gibt es für keinen von ihnen. Das eigene Zimmer, das Virginia Woolf als Grundvoraussetzung für kreatives Arbeiten ausgemacht hat, ist hier Fehlanzeige. Daran ändern auch die 15 Umzüge nichts, die die Familie in den nächsten Jahren hinter sich bringt. Die belastende finanzielle Situation, die schwache soziale Stellung der Familie und die vielen Ortswechsel bringen Unruhe und Unsicherheit in Elisabeths junges Leben. Eine Unsicherheit, die sich auch in ihrer Persönlichkeitsstruktur niederschlägt. Sie glaubt, dass man für alles Gute, das einem im Leben widerfährt, einen hohen Preis zahlen muss, und fängt an den positiven Ereignissen zu misstrauen. Alle Freude ist bei ihr immer verbunden mit der diffusen Angst vor ihrem raschen Verlust. Monika Dimpfl stellt in ihrer Biografie über die Schauspielerin heraus, dass bei Liesl Karlstadt hinter jedem Glück ein »aber« steht[4], dass hinter jeder Idylle der Schrecken lauert, das Gefühl, jede gute Stunde mit zehn bitteren büßen zu müssen. Schon ihre Schulaufsätze, so kindlich-fröhlich sie auf den ersten Blick auch wirken, beinhalten dieses »aber« – die Einschränkung, dass das dicke Ende schon noch kommen wird: »Die schönste der 4 Jahreszeiten ist der Sommer. Er bietet ein Vergnügen nach dem Andren; doch besitzt er auch viele Unannehmlichkeiten. (…) Wenn der Landmann mit dem Odelfass auf dem Wagen vorbeifährt, wenn die Mucken u. Stautzen kommen, u. ihnen überall Stiche versetzen; wenn sie beim Spaziergange schwitzen müssen, dass sie vor Müde nicht mehr weiter kommen. Da wird die Jahreszeit mit ihren Freuden, den Sommerfrischlern zur Last. Auch ist es nicht immer angenehm, wenn man sich weit von zuhause entfernt, die Wunder der Natur zu betrachten; plötzlich färbt sich der Himmel, schwarze Wolken ziehen herauf u. verdecken die glühende Sonne. Es erhebt sich ein mächtiger Wind, u. im nächsten Augenblicke fallen schon schwere Tropfen. Es donnert u. feurige Blitze fahren am Himmel hin u. her. (…) Tropfnass kommt man dann heim; also auch hier verwandelt sich die Sommerlust in Leid.«[5]

Verfasst hat Liesl Karlstadt diese Aufsätze als Schülerin der St. Ludwigsschule in der Amalienstraße, die sie von 1898 bis 1905 besucht.

Mädchenbildung am Ende des 19. Jahrhunderts

Mädchenbildung war um die Jahrhundertwende ein Randthema. Da die bürgerliche Welt von der Polarität der Geschlechter ausging, orientierte sich Frauenbildung in erster Linie daran, vor welche Aufgabe die Frau gestellt war: als Hausfrau und Mutter oder als Arbeiterin. Mädchen der Mittel- und Oberschicht wurden in Privatinstituten auf ein Leben an der Seite ihres Ehemannes vorbereitet oder von Privatlehrern zu Hause unterrichtet. Die Ausbildung von Arbeiterkindern ging über Elementares nicht hinaus. Noch größere Defizite herrschten hinsichtlich der höheren Bildung. Der Zugang zur Universität war Männern vorbehalten. Die wissenschaftliche Welt wehrte sich vehement gegen Frauen in ihren Reihen. Manche Universitäten änderten ihre

Zulassungsbeschränkungen so ab, dass Frauen auch als Gasthörerinnen nicht an Vorlesungen teilnehmen durften. Die Gründung erster Mädchengymnasien sowie die 1903 erfolgte Zulassung von Frauen an bayerischen Universitäten galt als bahnbrechender Schritt in Richtung Gleichberechtigung.

Sie ist eine gute Schülerin, die nur Einsen mit nach Hause bringt. Schon als Kind zeigt sie eine feine Beobachtungsgabe, die es ihr später möglich macht, die Wirklichkeit auf der Bühne so wunderbar abzubilden. Schulaufsätze wie »Das Frohnleichnamsfest in Riedering« lassen erkennen, wie wichtig sie selbst kleinste Details nimmt: »An der Prozession beteiligten sich: An der Spitze wurde ein Kreuz getragen. Diesem folgte die Schuljugend mit dem Christkind unter Aufsicht der Fräulein Lehrerin. Hieran reihten sich die Jungfrauen der Gemeinde Riedering von denen zweimal je 4 die Statue der unbefleckten Empfängnis auf einer Tragbahre trugen. Danach folgten die Jungfrauen von Neukirchen von denen 8 abwechselnd je 4 die Statue der Hl. Notburga trugen. Dann folgten die übrigen Jungfrauen, vor dem Allerheiligsten die Männer (Consultoren der Bruderschaft mit brennenden Kerzen) u. nach demselben die Frauen der Pfarrei. Die Frauen-, sowie die Männerwelt, beteten unterwegs den Rosenkranz. Vor jeder dieser vorhergenannten Gruppen wurde eine Fahne vorausgetragen. Auch der Feuerwehr- u. Veteranenverein Riedering-Neukirchen beteiligten sich an der Prozession.«[6] Die kleine

Liesl Karlstadt als Kommunionkind, um 1900

Elisabeth ist sehr christlich. Über einen Ferienaufenthalt, den ihr die Lehrerin beim Pfarrer von Stephanskirchen bei Rosenheim verschafft, schreibt sie: »Alle Sonn- und Feiertage gehe ich in das Frühamt, den Haupt- und Nachmittagsgottesdienst, die Christenlehre u. in die Feiertagsschule.«[7] Das Fräulein Lehrerin scheint sie schwer beeindruckt zu haben. Nur zu gerne würde Elisabeth, die für ihr Leben gern die Nase in Bücher steckt, selbst Lehrerin werden. Doch daraus wird nichts. Freie Berufswahl, noch dazu nach einer langen Ausbildungszeit, steht für Kinder ihrer Gesellschaftsschicht nicht zur Debatte.

Die erwerbstätige Frau im Königreich Bayern

Um die Jahrhundertwende war Frauen der Zugang zu den meisten Berufen verwehrt. Das von der bürgerlichen Gesellschaft propagierte Ideal war das der Ehefrau und Mutter, auch wenn sich nur ein geringer Teil, vorwiegend aus Großbürgertum und Adel, leisten konnte, nicht zu arbeiten. Nicht nur Alleinstehende waren zur Erwerbsarbeit gezwungen, sondern auch Ehefrauen waren in Handwerk, Gewerbe und Landwirtschaft unabkömmlich. In der zweiten Hälfte des 19. Jahrhunderts hatte mit der Industrialisierung der Landwirtschaft eine Abwanderung weiblicher Arbeitskräfte in die Städte eingesetzt. Nun arbeiteten die meisten jungen Frauen als Dienstmädchen oder in Fabriken. 1907 war jeder fünfte Fabrikarbeitsplatz mit einer Frau besetzt. Es waren unqualifizierte Tätigkeiten, von geringer Reputation und schlechter Bezahlung. Im Schnitt verdiente eine Arbeiterin etwa 65 Prozent von dem, was ein männlicher Kollege für die gleiche Tätigkeit bekam. Um die Situation der erwerbstätigen Frauen zu verbessern, gründeten sich Ende des 19. Jahrhunderts in Bayern die ersten Frauenvereine. Bis zur Beseitigung gravierender sozialer Missstände, Durchsetzung der rechtlichen und tariflichen Gleichstellung sowie der gesellschaftlichen Akzeptanz von Frauenarbeit war es jedoch ein weiter Weg. Einer der wenigen Berufe, die Frauen bis dahin offen

standen, war der Beruf der Lehrerin. Dabei musste sich die Frau jedoch verpflichten, ledig zu bleiben. Berufe wie der einer Rechtsanwältin oder einer ordentlichen Professorin blieben Frauen bis weit ins 20. Jahrhundert hinein verwehrt. Die einzig gesellschaftlich akzeptierte außerhäusliche Tätigkeit für Frauen aus der Mittel- und Oberschicht war lange Zeit karitatives Engagement.
Mit der industriellen Entwicklung entstanden jedoch um die Jahrhundertwende neue Berufsfelder für Frauen in den Bereichen Telekommunikation, Post oder Eisenbahn. Das Banken- und Handelswesen brachte Ende des 19. Jahrhunderts ebenfalls neue Berufe wie Schreibkraft, Telefonistin oder Bürofräulein hervor. Bis zum Ersten Weltkrieg ergriffen allerdings nur wenige diese Berufe. Erst danach verdrängte der Beruf der Büroangestellten nach und nach den des Dienstmädchens und wurde zum Symbol für die neu gewonnene Unabhängigkeit der Frau.

1905 verlässt sie die Schule mit einem Entlasszeugnis, das nur Einsen enthält, und muss von nun an selbst für ihren Lebensunterhalt sorgen. Verzweifelt versucht sie das Unvermeidliche abzuwenden: »Als ich aus der 8. Klasse entlassen wurde, hab ich mich freiwillig beim nächsten Einschreiben gemeldet – denn ich wollte unbedingt noch weiter in die Schule gehn. Das wurde mir zu meinem größten Leidwesen nicht genehmigt – weil ich in die Lehre musste. So kam ich als Lehrmädchen zur Firma Eder.«[8] Sie fügt sich, Rebellion ist nicht vorgesehen. Noch nicht! Die einzige Bildung, die ihr momentan bleibt, sind die Stunden in der Sonntagsschule in der Gabelsbergerstraße, die sie noch bis 1908 besuchen kann. Auch hier nur Einsen. Sie ist 13 Jahre jung, als sie im Januar 1906 ihre Ausbildung zur Verkäuferin im Textilgeschäft Eder am Viktualienmarkt beginnt. Ihr Monatslohn beträgt 10 Mark, nebst freier Unterkunft. Damit hat sie zum ersten Mal ein wenig Freiraum, ein kleines bisschen Privatsphäre. Nach Ende ihrer Ausbildung wechselt sie im Juli 1908 als Kurzwaren- und Posamentenverkäuferin ins Warenhaus Hermann Tietz (später Hertie) am Stachus. Ihr Verdienst steigt nun auf 45 Mark.

Das Jahr 1909 wird zum Schicksalsjahr für die Familie Wellano. Im April stirbt der erst 15-jährige Hermann, am 22. Juni Mutter Agathe. Für Liesl Karlstadt, die sehr an ihrer Mutter hängt, ist deren Tod ein schwerer Schlag. Ein unbeschreiblicher Verlust, der sie, die ja noch ein halbes Kind ist, viel zu früh trifft. Noch schlimmer ist die Situation allerdings für die erst sechsjährige Amalie. Elisabeth übernimmt nun für ihre Schwester die Mutterrolle. Sie tut alles, was in ihrer Macht steht, der jüngsten Schwester, die mit zärtlicher Liebe an ihr hängt, die Mutter zu ersetzen. Und es scheint ihr zu gelingen. Amalie erinnert sich später an eine durchaus glückliche Kindheit an der Seite ihrer großen Schwester: »Liesl holte mich in der vorweihnachtlichen Zeit von der Schule ab und wir gingen auf eine Stunde durch den Englischen Garten. Dort bei unserem Spaziergang erzählte sie mir die schönsten Weihnachtsgeschichten, dann lenkte sie mich ab, nahm aus der Tasche eine vergoldete Nuss oder einen Tannenzapfen, warf ihn in den Schnee und sagte zu mir: schau da hat das Christkind etwas verloren. Immer wieder glaubte ich daran, und wie glücklich war ich darüber.«[9]

Klaglos übernimmt sie für die nächsten Jahre die Aufgaben ihrer Mutter, kümmert sich um den Haushalt und die Familie. Einzig die Sonntage, die gehören ihr allein. Am Sonntagnachmittag macht sie sich fein, schlüpft in ihr bestes Kleid und geht zum Tanzen in die Au. Natürlich würde sie auch gerne mal ins Theater gehen. Doch das kann sie sich nicht leisten. Deshalb ist sie überglücklich, wenn ihr älterer Bruder Franz Xaver sie mit in den Bamberger Hof nimmt, wo die Münchner Volkssänger auftreten.

ERSTE BÜHNENERFAHRUNGEN

Was die Künstler dort auf die Bühne bringen, gefällt ihr sehr. Was für ein schönes Leben musste das sein, nicht so ein eintöniges und langweiliges wie ihres. Mit leuchtenden Augen verfolgt sie die Aufführungen und geht dann brav zurück nach Hause. Nur manchmal überlässt sie sich ihren Tagträumen und sieht sich selbst dort oben stehen. Anstrengungen in diese Richtung unternimmt sie keine, ihre Welt ist das Kaufhaus Tietz und nicht die Bühne. Doch das soll sich bald ändern: »Es war ein paar Jahre vor dem Krieg, da saß ich im Bamberger Hof mit leuchtenden Augen vor einer Dachauer Bauernkapelle. Ich weiß nicht mehr recht, wie es kam, aber der Herr Direktor ›engaschierte‹ mich, vielleicht meiner Begeisterung wegen, vom Fleck weg als ›Anfängerin‹!«[10] Die Ehefrau ihres späteren Chefs, die Volkssängerin Mizi Meier, erzählt die Geschichte ihres ersten Engagements allerdings etwas anders: »Mein verstorbener Mann Adalbert Meier hatte im Frankfurter Hof in der Schillerstrasse eine Dachauer Bauernkapelle. Wir suchten zur Zeit eine Anfängerin. Ein Musiker von uns sagte, dass er ein Mädel kennt, die beim Tietz Verkäuferin ist. Mein Mann ging hin und engagierte Liesl. Sie war voller Freude. Nun wurde sie unser Lehrmädchen. Sie kam zur Probe. Stimme hatte sie ganz wenig, aber in Komödien konnte man sie brauchen.«[11]

Wie und wo sich das ganze auch immer zugetragen hat, die Weichen sind gestellt. Der Abnabelungsprozess vom Elternhaus, an dessen Ende eine ungewöhnliche Karriere auf sie wartet, beginnt.

Zunächst ist »Lieserl Wellano« Mädchen für alles, singt im Chor, gibt Couplets zum Besten, tanzt und jodelt. Ein ums andere Mal sieht man sie auch in üppigem Rokokokleid auf der Bühne der Max-Emanuel-Brauerei in einer ziemlich freien Interpretation von Schillers Kabale und Liebe. Das Publikum ist von ihren Auftritten zu Tränen gerührt. Liesl Karlstadt selbst erinnert sich an diese Zeit eher mit Grausen: »Können Sie sich das vorstellen? Gelt – da müssen Sie lachen! (...) Ich habe aber tatsächlich die ›Kameliendame‹ gespielt. Im Blütenalter von achtzehn Jahren beim Oberottlbräu in Sendling. Ich war damals wohlbestalltes Mitglied der ›Münchner Volkssänger‹ (...) Wir gastierten allabendlich vor einem begeisterten und stets zu Tränen gerührten Publikum in einem anderen Münchner Bräu. Nannten das ›ambulant‹ spielen. Unser Repertoire bestand aus den herrlichsten klassischen Stücken, die natürlich grauslich zusammengestrichen waren. So ein Abend hatte nämlich ein ›buntes Programm‹. Da musste ich meist neben der Kameliendame oder der Luise Millerin noch jodeln oder als Soubrette auftreten.«[12] Ihr Vater ist von ihrer neuen Karriere wenig begeistert, rät ihr dringend von einem Leben als »Brettlhupferin« ab. Er fürchtet um ihre Moral, sieht sie schon mit einem ledigen Kind vor seiner Haustür stehen. Doch Elisabeth lässt sich nicht beirren: »Man kann in jedem Beruf anständig bleiben«, sagt sie.[13]

Vorsichtshalber behält sie zunächst ihre Stellung bei Tietz, betreibt die Kunst nur im Nebenfach. Eine Entscheidung, die mit viel Stress verbunden ist: »Erst um halb acht war damals Ladenschluss; um acht stand ich schon wieder auf den Brettern, als Jodlerin, Chorsängerin, Soubrette oder Komödie spielend. Unter Tags in der ruhigeren Geschäftszeit lernte ich meine Rollen.«[14] Die ersten Couplets, die sie auswendig lernt, notiert sie fein säuberlich in ein Heft, das sie bis an ihr Lebensende aufbewahrt:

Die Männer sind treu!
Mich liebte einst ein junger Mann aus vollster Seelengluth,
& ich sag es frei heraus, ich war ihm herzlich gut,
er schwur mir ewge Lieb & Treu bis an sein Lebensend,
& was ein Mann uns schwören tut, das hält er konsequent.
Doch nach acht Tagen, welche Schand,
ware er mir treulos durchgebrannt.[15]

Als die Doppelbelastung als Verkäuferin und Schauspielerin nicht länger tragbar ist, kündigt sie am 15. Februar 1911 ihre Stellung. Der erstaunte Personalchef bei Tietz, dem sie freudig ihren Entschluss mitteilt, stellt ihr ein erstklassiges Zeugnis aus: »Dieselbe war stets treu und fleißig und stellten uns ihre Leistungen zufrieden. Ihr Austritt folgt auf eigenen Wunsch.«[16] Er offeriert ihr, dass sie, für den Fall der Fälle, dass es doch schief geht mit der Karriere, jederzeit zu Tietz zurückkehren kann. Glücklicherweise muss sie von seinem freundlichen Angebot niemals Gebrauch machen. Statt des festen Gehalts bei Tietz erhält sie nun drei Mark pro Vorstellung. Dennoch

Mizi Meier und Liesl Karlstadt als Soubretten im Frankfurter Hof, 1911

fühlt sich Elisabeth »glücklich und furchtbar reich.«[17] Die junge Frau, der man aufgrund ihres Geschlechts und ihrer Herkunft nicht gestattet hatte, sich selbst zu verwirklichen, bricht nun aus dem ihr vorgezeichneten Leben aus. Allerdings bekommt sie großen Ärger mit ihrem Vater, der mit ihrer Entscheidung ganz und gar nicht einverstanden ist. Einen guten Posten zu kündigen, um Schauspielerin zu werden – was für eine Schnapsidee!

Es herrscht Ebbe in Elisabeths Kasse. Mit Unterstützung von zu Hause kann sie nicht rechnen und so nimmt sie an, was sich bietet. Die finanzielle Unsicherheit wird erst behoben, als sie am 6. Mai 1911 ihren ersten festen Vertrag erhält. Bei der »Dachauer Bauernkapelle und Singspielgesellschaft Adalbert Meier« tritt sie unter dem Künstlernamen Elise Wellano als Coupletsängerin auf. Es ist ein Jahresvertrag mit einer Gage von 90 Mark im Monat. Damit verdient sie nun fast doppelt so viel wie zuvor bei Tietz. Es ist ihr erster richtiger Bühnenvertrag, und sie ist mächtig stolz darauf.

Die Bühnenfotos in ihrem ersten Bühnenalbum zeigen eine selbstbewusste hübsche junge Frau, die sichtlich Spaß daran hat, in schönen Kleidern auf der Bühne zu agieren: »Mein Solofach war damals jugendliche Soubrette. So stand ich in einem grellfarbenen Flitterkostüm jeden Abend auf der Bühne und sang recht mittelmäßig: ›Ein jeder ruft Hipp Hipp Hurrah, die fesche Mizzi die ist da – und Jubel schallt durch's ganze Haus, ein jeder spendet mir Applaus!‹ Im Schlusscouplet sang ich die Männer im Parkett an: ›Ach du lieber süßer guter braver Mann – hast mir diese Liebesschmerzen angetan …‹ usw. Ich war stolz auf meine Leistung.«[18] Besonders freut sie sich über Engagements außerhalb Münchens. Einen Auftritt in Augsburg nennt sie in ihrem Bühnenalbum kokett »erste Gastspielreise ins Ausland«.[19]

EINE SCHICKSALHAFTE BEGEGNUNG

Bei einem ihrer zahlreichen Auftritte lernt sie einen Mann kennen, der sie mehr als jeder andere Mensch beeinflussen wird: Karl Valentin. Der schon reichlich bekannte Komiker ist Stargast bei einem Abend im Frankfurter Hof, an dem auch Liesl Karlstadt auftritt. Valentin ist zum Zeitpunkt dieser ersten Begegnung bereits eine feste Größe unter den Münchner Volkssängern, was sich nicht zuletzt in seiner Abendgage von neun Mark widerspiegelt. Beliebt ist er allerdings nicht, wie sich Liesl Karlstadt später erinnert: »[Er war] von allen Kollegen ebenso beneidet wie gehasst. Er hatte unter ihren Schimpfereien viel auszuhalten. ›Rothaariger Deifi‹ und ›spinnerter Uhu‹ waren noch die gelindesten Koseworte, die man ihm an den Kopf warf.«[20]

Der am 4. Juni 1882 als Valentin Ludwig Fey in der Au geborene Sohn eines Möbelspediteurs steht schon seit vielen Jahren auf der Bühne. Ursprünglich Schreiner, zog es ihn bereits in jungen Jahren zur Bühne. 1902 hatte er im Nürnberger Varieté Zeughaus sein erstes festes Engagement. Später baute er sich ein riesiges Orchestrion, bestehend aus mehreren Instrumenten, mit dem er durch Deutschland tingelte, auf der Suche nach dem ganz großen Erfolg. Völlig abgebrannt kehrte er schließlich nach München zurück und hackte seinen Apparat kurz und klein. 1908 gelang ihm mit einem Stehgreifsolo der lang ersehnte Durchbruch.

Nun spielte er im Frankfurter Hof mit der Nummer ›Schwerer Reiter‹, vermied dabei aber jeglichen Kontakt mit den Kollegen, wie Liesl Karlstadt beobachtet: »Karl Valentin hatte auf den ersten Blick nicht viel Anziehendes. Er war unfreundlich und fast immer mürrisch gegen jeden Fremden. (...) Wortkarg erschien er zwanzig Minuten vor seinem Auftritt in der Garderobe, schminkte sich schweigend und ohne auf die hämischen Frotzeleien seiner minder bezahlten Kollegen zu achten, absolvierte sein Auftreten, schminkte sich ab und verschwand.«[21] Einzig die Kollegin Elisabeth Wellano scheint ihn zu interessieren. Nachdem er ihren Auftritt verfolgt hat, spricht er sie an: »Was san denn nacha Sie, Fräulein? Was a Soubretten sans? Mit dera blechan Stimm und dem Gstell? Sie ham ja net amal an Busen! Und des is doch d'Hauptsach von ara Soubretten! Sie tean ma schon pfeigrad leid!«[22] Liesl Karlstadt ist empört und schwer beleidigt. Ist sie doch so stolz auf ihren Auftritt in dem wunderschönen Bühnenkleid mit den tausenden und abertausenden glitzernden Pailletten. Was erlaubt sich dieser »lange zaundürre, rothaarige Salonkomiker«?[23] Spricht man so eine Frau an? Dass er ihr bescheinigt, sie sehe aus wie ein Christkindl und sei unheimlich komisch, macht die Sache keineswegs besser. Von Liebe auf den ersten Blick kann, zumindest bei ihr, keine Rede sein: »Meine Verehrung für Karl Valentin schlug daraufhin in Hass um.«[24] Die erste Begegnung der beiden Komiker endet mit einer handfesten Auseinandersetzung. Nichts deutet darauf hin, dass dies die Geburtsstunde eines der berühmtesten Künstlerpaare des 20. Jahrhunderts ist. Karl Valentin schreibt über diese erste Begegnung kurz und knapp: »1911 lernte ich im Frankfurter Hof meine Partnerin Lisl Karlstadt kennen. Ich entdeckte ihr komisches Talent und wie sie die ersten Jahre meine Schülerin war, so wurde sie später meine Mitarbeiterin und Mitverfasserin meiner Stücke.«[25] Wie er sie schließlich doch davon überzeugen kann, ihre komische Seite auszuleben, bleibt ebenso im Verborgenen wie eine definitive Antwort darauf, warum aus der unüberwindlichen Abneigung der ersten Stunde eine große lebenslange Liebe wird.

Jedenfalls zeigt sich Valentin hartnäckig. Gänzlich überzeugt von ihrem komödiantischen Talent, schreibt er ihr ein Couplet und bittet sie doch einfach die Probe aufs Exempel zu machen:

Das Gretchen
(...) Doch nun hab ich's überwunden
Und habe endlich einen süßen Schatz gefunden.
Dieser schöne, junge, stramme Mann
Schaut mich so liebend an,
O nimm mir diesen Stein vom Herzen,
Bereite mir nicht so viel Kummer, Sorg und Schmerzen,
Sag' es aufrichtig, hast du mich lieb,
Du kecker Herzensdieb?

© 2007 Piper Verlag GmbH, München, aus: Sämtliche Werke, Bd. 2, S. 90ff.

Elisabeth ist nicht ganz so überzeugt, trotzdem lässt sie sich darauf ein: »[Ich] hab (...) mich aber nicht so schön angezogen im Flitterkleid, sondern schon a bissl komisch gemacht. Damals war es Mode, dass man irgendeinen Herrn im Publikum ansingt als Soubrette, und (...) bei dem Satz: ›*Ach, nimm mir diesen Stein vom Herzen*‹ hab ich aus meinem Busen einen kleinen Isarstein herausgezogen und hab ihn auf die Bühne hingeworfen. Das war natürlich ein großer Erfolg, ein großer Lacher, und dabei blieb es, und aus dieser feschen Soubrette wurde dann eine komische Soubrette, und ich hab dann bald gelernt dabei, dass es so besser ist für mich.«[26]

In den nächsten Monaten tritt sie solo bei der Gruppe »Gum-Kaufmann« als Blödsinnskönigin Fräulein Lisi auf. Eine Namenswahl, die darauf schließen lässt, wie eng das Verhältnis Karlstadt-Valentin zu dieser Zeit schon ist. Denn Valentin tritt seit Jahren als Blödsinnskönig Valentin auf und scheint nun seine perfekte Ergänzung gefunden zu haben.

Obwohl sie als Komödiantin beachtliche Erfolge feiert, bleibt Elisabeth dem ernsten Fach zunächst treu. Am Allerseelentag 1912 tritt sie als die unschuldige Müllertochter Marie in Karl Valentins Lieblingsstück »Der Müller und sein Kind« von Ernst Raupach auf. Dieses Schauerstück aus dem Jahre 1830 erfreut sich im deutschsprachigen Raum zu jener Zeit allergrößter Beliebtheit und wird traditionell um die Allerheiligenzeit auf vielen Bühnen aufgeführt. 1911 war es gar verfilmt worden, der Film gilt heute als der älteste vollständig erhaltene österreichische Spielfilm. Liesl Karlstadt gibt auf der Bühne die reiche Müllertochter, deren hartherziger Vater ihr die Heirat mit einem armen Müllerburschen verwehrt und stattdessen alles daran setzt, das Paar zu entzweien. Karl Valentin kann die Rolle des Müllerburschen, den er selbst auf der Bühne jedoch niemals spielt, auswendig. Für besonderen Grusel beim Publikum sorgt im Stück ein Totenvogel, der das nahe Ende des bösen Müllers und seiner unschuldigen Tochter ankündigt. Und eben jener Totenvogel wird Liesl Karlstadt bei einer dieser Aufführungen ein unvergessliches Erlebnis bescheren: »Beim ›Müller und sein Kind‹ war ein Hauptrequisit vorhanden, und zwar eine ausgestopfte Eule, die der Direktion ein Stück Geld gekostet hat und deshalb von der Frau Direktor (...) mit größter Liebe und Sorgfalt persönlich nach der Vorstellung heimgetragen und wieder am anderen Tage ins nächste Lokal gebracht wurde. (...) Diesmal lief sie von einem Ende der Stadt über die große Theresienwiese bis zum andern. Da trug sie vorsichtig verpackt in Zeitungspapier die Nachteule unterm Arm. (...) Wir saßen im Lokal, da kam sie atemlos an, begrüßte uns und – oh welch ein Schreck – unterm Arm befand sich nur mehr die leere Zeitungshülle, denn die Nachteule hatte sie verloren. Sie lief auf die Strasse und frug alle Leute – bitte haben sie nicht einen Vogel gesehen? – worauf ihr jedermann ein mitleidiges Lächeln entgegenbrachte und kam schweißtriefend ohne ›Nachteule‹ zurück. (...) Da war guter Rat teuer. Aber es leuchtete ein rettendes Lichtlein auf und zwar in Gestalt des Wirtes, der ein leidenschaftlicher Vogelsammler war. Im Gastlokal hatte er nämlich an einer Längswand ausgestopfte Kanarienvögel aller Art zur Schau gestellt. Und davon lieh er uns einen hübschen gelben Vogel, um die Vorstellung zu retten. Und als nun unser ahnungsloser Direktor als alter Müller den Müllerburschen empfing, der auf die Bühne mit den Worten kam: Hier Meister, habe ich Euch den Totenvogel vom Dach geschossen, bemerkte er zu seinem Entsetzen, dass derselbe ihm statt der Nachteule einen kleinen gelben Kanarienvogel, der auf ein schönes viereckiges Brett genagelt war, überreichte. Aber auch das zahlreich anwesende Publikum bemerkte es und brach in dem ernsten Stücke in schallendes Gelächter aus. Statt ›Müller und sein Kind‹ kreierten wir diesen Abend vor dem ohrenschmausbedürftigen Publikum ›Müller und sein ausgestopfter Kanarienvogel‹ (samt Brett).«[27]

Als ihr Kontrakt mit Adalbert Meier im Juli 1912 ausläuft, ist guter Rat teuer. Ein neues festes Engagement ist weit und breit nicht in Sicht. Im Bemühen, Geld zu verdienen, bewirbt sich Elisabeth schließlich auf eine Annonce, in der »zierliche gut gewachsene junge Damen für eine Artistennummer und zu späterer Tournee gesucht werden«. Es kostet sie ihre ganze Überzeugungskraft, den Agenten der Truppe, der sie für viel zu klein und schmächtig hält, für sich einzunehmen. Doch sie schafft es, mit dem Ergebnis, dass sie mit anderen Mädchen mit einem Glöckchen in der Hand auf der Bühne steht und bimmelt, wenn ihr Ton an der Reihe ist. Sie bimmelt populäre Schlager wie »Puppchen, Du bist mein Augenstern« oder »Die Männer sind alle Verbrecher«. Das Gebimmle verfolgt sie zwar bis in ihre Träume, doch sie braucht das Geld dringend. Zudem findet sie die vom Agenten in Aussicht gestellte Tournee nach Petersburg durchaus reizvoll: »Wir spielten nicht etwa einstimmig, sondern manchmal sogar in direkt aufreizend farbigen Klingelakkorden. Es war ein wirklicher ›Kunstgenuss‹ besonders, da wir ebenso niedlich anzusehen waren, wie wir bimmelten. Wir standen wie die Orgelpfeifen, ich als die Kleinste natürlich am linken Flügel. Ich hatte offenbar Talent zu Bimmeln. Aber mein Bimmel-Engagement war leider bald zu Ende. Und daran war kein anderer als Karl Valentin schuld.«[28]

Neben ihrer Bimmelnummer spielt sie an den Wochenenden bei einer kleinen Volkssängergesellschaft in verschiedenen Wirtshäusern in Haidhausen. So gerne sie auf der Bühne steht, das Publikum hier verlangt ihr einiges ab. Vor allem, dass sie nach der Vorstellung mit dem Sammelteller von Tisch zu Tisch gehen muss, kostet sie Überwindung: »Dabei setzte es hageldicht Liebenswürdigkeiten, die man weder nachsprechen noch beschreiben kann und mir wurde es öfters siedendheiß und himmelangst. Ich war froh, wie ich endlich ohne ernsthaften Leibes- und Seelenschaden wieder in unsere ärmliche Garderobe und in mein Zivil schlüpfen konnte, um mich dann schleunigste durch den Hinterausgang über den Hof in Richtung Heimat zu verkrümeln.«[29]

Nach einem dieser Auftritte steht plötzlich Karl Valentin vor ihr. Er hat sie durchs Fenster beobachtet und ist voller Mitleid. Als er jedoch von ihren Tourneeplänen erfährt, wandelt sich sein Mitgefühl in Entsetzen. Nichts lässt er unversucht, sie davon abzuhalten. Sie hält es für Fürsorge und freut sich darüber. Noch weiß sie nicht, dass sie sich in Münchens größten Hypochonder verliebt hat, der Angst vor allem und jedem hat. Valentin warnt Liesl eindringlich vor den großen Gefahren, die bei dieser Reise auf sie lauern würden. Dass der Agent der Truppe nichts Gutes im Sinn hat, steht für ihn tausendprozentig fest: »Ja, Madl, woaßt denn du gar net, was der mit euch

Liesl Karlstadt als junge Frau

vorhat? Am End is des gar a Mädchenhändler! Also, de Sach' gfallt mir fei net und hingehn tuast ma auf gar koan Fall mehr! Der Lump is no imstand und lasst die in Sibirien ohne Geld sitzen – da kannst dann z' Fuaß bis München hatsch'n.«[30]

Karl Valentin legt sich mächtig ins Zeug, um das Fräulein Wellano zum Bleiben zu bewegen. Zum Bleiben in München, zum Bleiben bei ihm. Dabei ist er seit dem 31. Juli 1911 mit Gisela Royes verheiratet, der Mutter seiner zwei Töchter. Es hat lange gedauert, bis er mit ihr vor den Traualtar geschritten ist, und jetzt sieht es beileibe nicht so aus, als ob er sich an das ihr gegebene Treueversprechen halten will. Elisabeth hat es ihm ganz offensichtlich angetan. Zum Jahreswechsel 1912 schreibt er ihr: »Möge es uns vergönnt sein, das neue Jahr und noch viele andere Jahre mitzumachen in der wahren Liebe zueinander wie bisher. Gesundheit und unser köstlicher Humor soll uns nie verlassen, und bleibe fernerhin mein gutes braves Lieserl.«[31]

Hätte sie gewusst, was er von seinem »guten braven Lieserl« in den nächsten Jahren alles erwartet, wäre sie vermutlich schreiend davon gelaufen.

»In der Hosn hab ich immer a freche Goschn g'habt!«
(Liesl Karlstadt)

2 Karre mit der Zigarre und Frau Magistratsfunktionär Huber *oder* warum in Hosen vieles leichter ist ...

DIE GEBURT EINES TRAUMPAARES

Das gute brave Lieserl bleibt in München. Sie tritt erneut als Solokomikerin auf. Am 3. April 1913 ist der weibliche Humorist »Liesl Wellano« mit dem »Modernen Possen- und Humoristen Ensemble A. Herrmann« im Arzbergerkeller zu sehen. Weitere vier Monate gehen ins Land, ehe sie im Juli 1913 zum ersten Mal mit einer eigenen Nummer an der Seite Karl Valentins spielt. Als Liesl Maxstadt gibt sie im Kabarett Serenissimus den Pikkolo. Ihr neuer Bühnenname kann als deutlicher Hinweis auf die weitere Entwicklung verstanden werden. Karl Valentin will Liesl zu seiner Bühnenpartnerin machen. Allerdings nicht unter dem Namen Wellano. Der ist ihm viel zu auffällig. »Wellano is nix!«, sagt er: »Dös ist höchstens was für a Trapeznummer!«[32] Wellano, das klingt exotisch, klingt nach Abenteuer und macht neugierig. Dem großen Künstler ist das schlicht und einfach zu auffällig für die Frau, die letztlich nur die zweite Geige spielen soll. Dann schon lieber etwas Bodenständiges. Karl Maxstadt kommt ihm in den Sinn, ein um die Jahrhundertwende weit über die Grenzen Münchens hinaus bekannter Komiker, den er sehr verehrt.

Liesl Maxstadt – das wär ein ordentlicher Name für die Liesl, und eine Hommage an das verehrte Vorbild wär es auch. Fürs erste ist er zufrieden. Jedoch nicht lange. Denn dann steht die nächste Namensänderung ins Haus und aus Liesl Maxstadt wird endgültig Liesl Karlstadt. Es ist offensichtlich, dass der Name Karlstadt die Symbiose aus Karl Valentin und Karl Maxstadt ist. Elisabeth bleibt nur ihr Vorname. Dass

Valentin seiner Partnerin nicht nur einen neuen Namen gibt, sondern auch auf seinen eigenen Namen bei der Namensgebung zurückgreift, lässt tief blicken. Sie ist sein Geschöpf, er macht im wahrsten Sinne des Wortes aus Elisabeth Wellano Liesl Karlstadt. Elisabeth lässt diese Vereinnahmung ihrer Person geschehen. Er wird schon wissen, was gut für sie ist. Zum einen hat er die größere Bühnenerfahrung und zum anderen hängt sie nicht an dem Namen Wellano. Ihr ist noch gut in Erinnerung, dass die Kinder ihr aufgrund ihres fremdklingenden Namens auf der Straße hinterhergerufen haben: »Wellano, Italiano, lebst aa no?« Nun ist sie auf einen Schlag nicht nur die trostlose Vergangenheit, sondern auch den schwierigen Namen los. Besser könnte es nicht laufen. Der Weg von der Kurzwarenverkäuferin zur Starkomikerin kann beginnen.

Kurz darauf folgt der erste gemeinsame Auftritt von Liesl Karlstadt und Karl Valentin. Im Tiroler Terzett »Alpenveilchen« spielen sie eine Persiflage auf die so beliebten »original« Tiroler Sängervereinigungen, deren Akteure allesamt aus den Münchner Vorstädten stammen. Karl Valentin ist bei diesem legendären Auftritt ein Zitherspieler in Tracht eines Oberländlers. Sein Partner Karl Flemisch mimt als Rübezahl mit Gitarre seinen Vater. Liesl Karlstadt spielt die naive Bergschönheit und singt voll Innbrunst:

Und der Vater hat neulich der Dirn
A Birn aufig'worfa aufs Hirn,
Jetzt tuat der Dirn
'S Hirn weh von der Birn.
Denn a so a Birn
G'spürt ma auf der Stirn,
Drum wirft der Vater der Dirn,
Koa oanzige Birn mehr auf's Hirn.[33]

Dazu trägt sie ein Dirndl mit schottischem Karomuster in grellen Farben, abgerundet durch ein kurzes weißes Schürzchen mit Klöppelspitzen. Um den Hals hat sie eine Schleife gebunden. Auf ihrem streng zum Scheitel frisierten Haar thront ein flacher schwarzer Tirolerhut. In der Hand hält sie ein Edelweiß mit einem ellenlangen Stengl. In ihrem Bühnenalbum findet sich folgende Regieanweisung: »Liesl als naivfesches Dirndl mit dem Edelweiß in der Hand, Valentin als zitherspielender Tiroler vor einem wildromantischen Gebirgspanorama – natürlich aus Pappe, zusammenklappbar –, der Dritte im Bunde Karl Flemisch als sein Vater mit Rauschebart und Gitarre. Am Ende geriet Valentin jedes Mal in einen geschickt inszenierten Streit mit dem Theaterdirektor und hatte seinen Abgang mit den klassisch gewordenen Worten: ›Vater nimm's Gebirg mit, wir gehen!‹«[34] Mehr als 600 Aufführungen werden der umjubelten Premiere im Laufe der nächsten Jahre folgen und sie enden alle mit dem legendären Satz: »Sie san net auf uns a'gwiesn, aber mir auf Eahna, des müassens Eahna merka!«[35]

Noch im selben Jahr drehen Liesl Karlstadt und Karl Valentin ihren ersten Stummfilm »Karl Valentins Hochzeit«. Valentin wird einer der Pioniere des neuen Mediums, erkennt schon früh dessen Möglichkeiten. Liesl gibt in ihrer ersten Filmrolle ein Dienstmädchen, das mit dem von Valentin verkörperten Bräutigam flirtet. Eine pikante Konstellation, angesichts ihres gschlamperten Verhältnisses zum verheirateten Valentin. Georg Rückert spielt die dicke, leicht dümmliche Braut. Der Film entsteht im eigenen Filmatelier, das Valentin vor Kurzem eröffnet hat: »Im Jahre 1913, als man in den ›Kinomatographentheatern‹ Münchens, deren die Stadt ungefähr ein Dutzend zur Verfügung hatte, über blutige Dramen ›Rotz und Wasser‹ heulte, ging ich in die städtische Sparkasse und holte mir einige Hunderter heraus, ging zu Zimmermeister Otto Geisser in die äussere Rosenheimerstrasse und bestellte ein hölzernes Podium 6 Meter im Quadrat. Dieses Podium ließ ich auf einer Wiese in der Martinstrasse auflegen, wir (wir bedeutete in diesem Falle mein ganzer Filmkonzern, bestehend aus mir, Frl. Karlstadt, Karl Flemisch, Otto Wenninger, Frau Therese Wach, Georg Rückert) setzten selbst gezimmerte und bemalte Kulissen darauf, die wir selbst mit einem Handwagen aus der Stadt hinaustransportiert haben.

Eine ebenfalls von Zimmermeister Geisser errichtete Holzhütte, Preis 200 Friedensmark diente zum An- und Auskleiden der ›Filmschauspieler‹. Eine kurze Besprechung über den geplanten Film ›Valentin's Hochzeit‹ und der Film begann nach 2 kurzen Proben[.]«[36] Auch wenn dies durchaus von Valentins künstlerischem Weitblick zeugt, das Interesse des Publikums ist eher marginal. Valentin ist das egal. Er glaubt fest an das neue Medium Film, ist immer bereit, an Filmprojekten mitzuwirken. Und er wird Recht behalten. Ist bei ihrem ersten Stummfilm alles billig und improvisiert, werden die beiden bei ihrem letzten Stummfilm »Der Sonderling« 1929 die sensationelle Gage von 2500 Reichsmark erhalten.

Doch noch sind das Phantasiesummen. Noch können sie mehr schlecht als recht von ihrer Kunst leben. Trotzdem ist Liesl Karlstadt glücklich. Sie genießt jeden ihrer Auftritte, das Gelächter des Publikums, den frenetischen Applaus. Nie hätte sie das für möglich gehalten. Ihre Flucht aus der Einzimmerwohnung in München-Schwabing auf die Bretter, die die Welt bedeuten, ist mehr als geglückt. Ein Glück, das nicht einmal vom Ausbruch des Ersten Weltkriegs bedroht ist. Valentin wird aufgrund seines Asthmaleidens nicht eingezogen, die Liebenden bleiben zusammen. Während an der Front schon längst gestorben wird, spielen Liesl Karlstadt und Karl Valentin zum Gaudium des Publikums im Frankfurter Hof.

Als am 13. Dezember 1914 ihr Vater stirbt, übernimmt Liesl Karlstadt die Verantwortung für ihre jüngere Schwester Amalie. Beruflich braucht sie sich da längst keine Sorgen mehr zu machen. Unbehelligt vom Krieg, geht es mit dem Komikerpaar steil bergauf. Am 1. Juni 1915 übernehmen sie gemeinsam die Leitung des Kabaretts Wien-München. Liesl Karlstadt notiert voller Stolz in ihrem Bühnenalbum: »Wien-München ›Hotel Wagner‹ Sonnenstrasse vom 1. Juni 1915 – 15. Dez. 1916. Direktion: Karl Valentin – Liesl Karlstadt.«[37]

DIE VERWANDLUNGSKÜNSTLERIN

Was für eine Karriere – von der unbekannten Münchner Soubrette zur Mitdirektorin eines Kabaretts – und das mit nur 22

Jahren! In den nächsten Monaten hat sie innerhalb des Bühnenprogramms zahlreiche Soloauftritte. Gleich bei ihrem ersten schlüpft sie dabei in die Rolle, die an ihr kleben bleiben wird: die Männerrolle. In Frack, viel zu kurzem Beinkleid, Zylinder, schwarz gefärbter Nase und Zigarette gibt sie verschmitzt den böhmischen Ladislaus:

> *Servus, meine liebe Landsleut, also dass ich Ihne sag'*
> *Ladislaus so is mei Name, höchste Steiger torledag.*
> *Hab ich imme Glück bei Madel, weil ich bin halt gar so g'stellt,*
> *bei mir find e jedes Weibel, no das was ihr eben fehlt*
> *ob sie dumm ist, oder g'scheit ist, ob sie gross is oder klan,*
> *Sie ich habe an Charakte, pack ich nähmlich alles zam.*[38]

Ganz schön frech, als junge Frau derartige Zeilen zu singen. Das hätte sie sich zuvor niemals getraut. Doch seltsamerweise, in Hosen ist das kein Problem. In Hosen nimmt sie kein Blatt vor den Mund: »Wenn ich einen Frauenrock angehabt hab, hab ich mich nix sagn traun, aber in der Hosn hab ich immer a freche Goschn g'habt.«[39] Derartige Anzüglichkeiten könnte sie sich als Frau vor Publikum niemals erlauben. In einer Zeit strenger Geschlechterhierarchie und enger bürgerlicher Moralvorstellungen muss sie in die Rolle eines Mannes schlüpfen, um mit allgemeingültigen Werten und Normen zu brechen. Was sie im Privatleben längst tut. Mit Karl Valentin läuft es nicht nur auf der Bühne gut. Am 16. August 1915 schreibt er seiner »heißgeliebten kleinen Lisi!«:

> *Mir ist, als ob mich grüßte*
> *Aus sternenklaren Höh'n*
> *Und wundersam mich küsste*
> *Dein Bildnis zauberschön*
> *Im Traum seh' ich Dich neigen*
> *Die Augen glanzerhellt*
> *Du bis mein Glück mein Eigen*
> *Mein Himmel, meine Welt.*

© 2007 Piper Verlag GmbH, München, aus: Sämtliche Werke, Bd. 9, S. 22

In den nächsten Monaten erarbeitet sich Liesl Karlstadt eine Rolle nach der anderen. Sie tritt als Trompetensolist, Tänzerin, komische Soubrette und als Pikkolo auf. Ein großer Erfolg wird im August 1915 ihr Auftritt als chinesischer Salonkomiker. Mit gelb bemaltem Gesicht, Zopfperücke und albern-exotischem Kostüm singt sie, in der Hand einen großen Sonnenschirm, ihr berühmtes chinesisches Couplet:

Mantsche, Mantsche Pantsche Hong kon Tsching Tschang
Kaifu schin sie Peking gigi wai hai wai
Tschitschi tatschi makka, zippi zippi zappi
Guggi dutti suppi Mongolai.
Tingeles Tangeles Hundi Hundi guschdi,
Tschinschinati wuschi wuschi tam tam tam
Wann i ko na kimm i, kumm i aber nimmi,
Kimm i, kumm i, aber i kimm kam.
Wo wie we wie bobi hopsi tsching tschang
Asi Stasi Wasi Wisi Tschin Tschin Tschin.
Taubi Taubi, Piepi Piepi, sei si indi ändi
Wase bobi widdi midi Lanolin.
China drinna kenna Kinda mi alsamm
Tam – Tam – Tam.

Ziggi zam ziggi zam tschin tschin wuggi gu
Wassi Wassi tscheng patschi zsching wuh-hu wu.

_{© 2007 Piper Verlag GmbH, München, aus: Sämtliche Werke, Bd. 2, S. 106}

Das Publikum ist begeistert. Tschthinzscht wird eine ihrer Paraderollen. 1928/29 wird das Couplet auf Schallplatte aufgenommen und mit dem Vermerk versehen: »L. K. singt chinesisch. Diese Platte ist nicht zu empfehlen … Kaufen Sie dieselbe ja nicht … außer sie lernen zuerst perfekt chinesisch.«[40]

Und noch eine ihrer besten Figuren entwickelt sie bei einem dieser ersten Auftritte: Karre mit der Zigarre. Sie ist so überzeugend flegelhaft, dass das Publikum sich vor Lachen kaum halten kann:

*Mein Prinzipal der hat mir heut
Hier die Zigarr' spendiert,
Er hat gesagt, die tut dir nichts,
Die rauch nur ungeniert;
Und wie ich mit dem Stengel ins
Kaffeehaus kam hinein
Hab'n meine Freund mich ausgelacht
Und fingen an zu schrei'n:*

*Karre, Karre,
Rauch doch nicht diese Zigarre;
Karre, Karre denk d'ran,
Du hast a weiße Hose an.*

© 2007 Piper Verlag GmbH, München,
aus: Sämtliche Werke, Bd. 2, S. 64

Karre mit der Zigarre, 1915

Liesl Karlstadt erobert ihr Publikum im Sturm, egal ob sie auf Wohnungssuche geht: »Also eine Wohnung sag i eahna, da flack i mi lieber in an Sautrog nei«[41], oder als waschechte Münchener Obsthausiererin Äpfel verkauft: »Steh ich da neulings mit meinem Karrn und mit prima Äpfe in der Briennerstraße vorm Kaffee Luitpold. Sieh ich schon, wie a eleganter feiner Kavalier mit seiner Dame auf mein Karrn zuawakimmt. Er a elegante Schale – Lackschleich und Monokel. – Sie, die provisorische Gnädige mit'm Persianer Pelzmantel. Er hätt mir Äpfe abkauft, aber sie hat ihn g'stessn und hat g'sagt: ›Schatz lass sein, mir kaufen unser Tafelobst beim Dallmeier.‹ Sie vermasselt mirs G'schäft. Ja du aufputzter Herrschafts-Socka hab ich ihr nachg'schrien, du bist ja a bloß geduldet beim Herrn Baron, wenn dir der morgen d'Stiefel nausstellt vor d'Haustür, na mußt auch a Hausierin macha, weilst a nichts g'lernt hast, als wia d'Nasen in d'Höh heben und s'Geld verputzen, du hast es notwendig, hab i g'sagt, dass du dich vor de klaona G'schäftsleut genierst. Ist ja wahr, sans nichts de Flitscherln als davonghaute Ladnerinnen und Wassamadeln und wenns zufällig unser Herrgott mit an Popperlgesicht ausgestattet hat und a Kavalier verliebt sich in so a weltlichs Christkindl, dann moana dö Tag- und Nachveigerln sie können andere Leut über d'Achsel anschaugn.«[42]

Nach Ende der Direktion Wien-München geht es nahtlos weiter, zunächst ab Mitte Dezember 1916 im Annenhof und von März 1917 bis Oktober 1919 im Serenissimus. Hier kommen jetzt immer mehr ihrer berühmten komischen Frauenrollen hinzu. Liesl Karlstadt als Frau Magistratsfunktionär Huber ist ebenso unübertrefflich wie unvergesslich. »Mit de Dienstboten ist das heutzutage aa so a Kreuz. Moanas ich treibet jetzt a neue Köchin auf? Nicht um alles in der Welt. Dö ma jetzt ham, dera gfallts nimma bei uns, ham Sie Worte? Tut man dem Trampel alles, was man ihr von die Augen absieht; Mittag gibt ma ihr 's ganze Essen, dös was mir nimma mögen, hat ihr eigenes Bett, d' Ortskrankenkasse lasst ma ihr selba zahln und da g'fallts ihr nimma bei uns; da kann man doch gar nimma reden. Ich mein, wenn man einem Menschen in jeder Weise entgegenkommt wie ich – neulich bin ich ihr sogar zum Metzger entgegen komma weil s' imma so lang ausbleibt und habs recht z'sammag'staucht.«[43]

Wenn sie losschimpft bleibt kein Auge trocken. Ihre Auftritte stoßen auf wachsende Begeisterung – bei Publikum und Kritik: »Auf der Bühne steht eine Frau Funktionär – Gott hat die ein Schwertmaul! Es gibt viele, die es gar nicht glauben, dass das dieselbe Karlstadt ist, die so unglaublich echt als junger Spritzer sein kann.«[44] Liesl Karlstadt gibt alles: »Mei Mann is nämlich Magistratsbeamter, aber sehr leidend, der hat so a Art Schlafkrankheit, die is nicht schmerzhaft, aber sehr zeitraubend – stelln S' Ihnen das Unglück vor, wenn die Krankheit mei Sohn auch kriegn tät, mit der Schlafkrankheit kann ja der Bua koa G'schäft lerna, no ja, g'fehlt wär's nie, wenn alle Stricke reißat'n, bringt'n halt der Papa in'n Magistrat nei.«[45]

Während des Krieges treten die beiden auch oft in Wirtshäusern und auf Vereinsfeiern auf. Sie kommen selbst aus kleinen Verhältnissen und betrachten es durchaus als eine Verpflichtung, in solch schweren Zeiten für Ablenkung zu sorgen. Sie spielen für die Kriegesfürsorge und für Heimkehrer, auf Wohltätigkeitsveranstaltungen und im Lazarett. 1918 wird Liesl Karlstadt für ihr Engagement mit dem König-Ludwig-

Kreuz ausgezeichnet: »An dem Orden hab' i mi net lang freu'n können. In der Revolution sagen so a paar Strizzi zu mir: ›Tuast'n runter, dein Preiselbeerorden, sonst miassat ma'n kassier'n!‹ Da hab i'n halt runtertan!«[46] Dabei sind die Münchener Revolutionäre von ihrer Kunst durchaus begeistert. Im Januar 1919 werden die beiden Künstler vom Marinerat der Stadt um einen Auftritt gebeten. Sie möge doch die »Frau Magistratsfunktionär Huber« geben, steht in der Anfrage.

Einführung des Frauenwahlrechts 1918
Im deutschen Kaiserreich hatten Frauen weder das passive noch das aktive Wahlrecht und waren der Willkür männlicher Gesetzgebung hilflos ausgeliefert. Die meisten Männer fanden den Gedanken, dass Frauen am politischen Prozess teilhaben könnten, völlig abstrus. Schließlich habe die Natur dafür gesorgt, dass Frauen und Männer verschieden seien und ihnen deshalb verschiedene Aufgaben zugeteilt. Einzig die Frau sei in der Lage, Kinder zu gebären und zu ernähren, folglich sei ihr Platz zu Hause, während der Mann ihre Interessen in Politik und Öffentlichkeit vertreten würde. Frauenstimmrechtsverbände kämpften jahrzehntelang einen schier aussichtslosen Kampf um dieses Staatsbürgerinnenrecht. Erst mit der Revolution vom November 1918 erhielten Frauen in Deutschland das Wahlrecht. Am 19. Januar 1919 gaben 19 Millionen Wählerinnen ihre Stimme zur Weimarer Nationalversammlung ab. Die Wahlbeteiligung der Frauen lag bei 82,3 Prozent. 37 Frauen zogen in die Weimarer Nationalversammlung ein. Rechnet man die vier Nachrückerinnen hinzu, ereichte die Frauenquote damals 9,6 Prozent, ein Wert, der erst 1983 wieder erreicht wurde.

AUF DER KARRIERELEITER
Liesl Karlstadts Bühnenalbum und Valentins Auftrittsbuch der nächsten Jahre legen Zeugnis davon ab, wie steil es mit der Karriere der beiden aufwärts geht. Im Oktober 1919 geben sie Gastspiele im Hofbräuhaus und im Germania-Brettl in der

Schwanthalerstraße. Es geht Schlag auf Schlag, eine Bühne nach der anderen folgt. Das Jahr 1920 verbringen sie größtenteils im Charivari in der Senefelderstraße, nur im September spielen sie im Mathäser-Festsaal. Im Dezember ziehen sie ins Benz in die Leopoldstraße um, das für viele Jahre einer ihrer bevorzugten Auftrittsorte bleibt. Und ganz egal, wo sie auftreten, wenn Liesl Karlstadt als Impresario bei der Oktoberfestschau die Riesendame Fräulein Lilly Wiesi-Wiesi ankündigt, liegt das Publikum vor Lachen unter den Stühlen: »Sie haben heute das seltene Vergnügen, die Riesendame Fräulein Lilly Wiesi-Wiesi persönlich kennenzulernen. Sie wurde im Jahre 1908 geboren und vollendete am 31. Februar 1892 ihr 45stes Lebensjahr. Ihr Papa, ehemaliger Direktor der Schmalznudel-Verleih-Anstalt in Thalkirchen an der Ruhr, scheute keine Kosten, seiner Tochter die Abnormität erlernen zu lassen. Die Dame ist gegenwärtig 2,30 m groß und wiegt 320 Pfund. Im Verhältnis zu ihrem Alter ist die Dame furchtbar unreinlich und dumm. (...) Um die Größe beizubehalten, isst die Dame nur längliche Speisen, wie Stangenspargel, Makkaroni, Rhabarber und Salzstangerln. Getränke muss sie sprudelnd heiß trinken, da die im Munde eingenommenen heißen Flüssigkeiten infolge der langen Speiseröhre meistens eiskalt in den Magen kommen und zu einer Magenerkältung führen können.«[47]

Sie spielen stets vor ausverkauftem Haus. Die Nachkriegsjahre sind die Hochzeit jener Art von Volksbühne, die Lion Feuchtwanger in seinem Roman »Erfolg« beschreibt: »Der große Minervasaal, ein volkstümliches Varieté in der Nähe des Hauptbahnhofs, war dicht gefüllt; denn der Komiker Balthasar Hierl, der heute nach längerer Pause zum erstenmal wieder auftrat, war populär. Die Zuhörer waren meist Kleinbürger, Leute aus dem Mittelstand, Dreiviertel-Liter-Rentner, *Drei-Quartl-Privatiers* wurden sie genannt, weil ihr Vermögen zu einem ganzen Liter Bier nicht reichte. Sie saßen in dem harten Licht des nüchternen, mit patriotischen und mythologischen Fresken geschmückten Saales, rauchten Zigaretten oder Pfeife, hörten in den Pausen einem großen Blechorchester zu. Während der Vorträge aßen sie. Der eine Abend musste sie entschädigen für die Entbehrungen der ganzen Woche. (...) Der Saal war voll von Rauch, gleichmäßigem, langsamem Geräusch, Dunst von Bier, Schweiß, Menschen. Alte Bürger saßen behaglich, Liebespaare hockten breit, selig. Höhere Beamte, andere Großkopfige waren zahlreich in die Masse der Kleinbürger hineingesprengt.«[48]

Das Publikum ist fasziniert von diesem Paar, das schon rein optisch ein Lacher ist: sie – klein und rundlich, er – ellenlang und spindeldürr. Sie sind einander die perfekte Ergänzung – in jeder Beziehung. Sie kann alles spielen, was die Situation verlangt, während Valentin immer nur sich selbst gibt. Wie Liesl Karlstadt in der bierseligen Atmosphäre der Volksbühnen als Frau Stadtsekretärin in »Quo vadis« über einen verpatzten Kinobesuch lamentiert, ist grandios: »Vor mir sitzt so ein Lucki, hat an Kocks (Hut) auf und weil ich halt a bisserl klein bin, sieh ich natürlich nichts wegen dem sein' Hut. ›Ach, möchtens nicht so freundlich sein, schöner Herr, und möchtens Ihren Stops (Hut) runtertun, weil ich sonst nichts sehe‹; und weil er nicht gleich darauf reagiert hat, hab ich ihm mit meinem Zeigefinger von hinten ein wenig auf die Achsel hinaufgstupft. Der schaut um und staucht mich gleich so zusammen. ›Tu mich fei noch einmal betupfen dahinten, dann heb ich Dich raus aus die Klappsitz, alte Hyazinthen. Und jetzt, mein ich wirst es packen, mitn Stillentium, gräuslicher Hausaff.‹ Jetzt bin ich narrisch worden.- ›Wer ist a alter Hausaff?‹ hab ich g'sagt und hab dem Schlawinerbuben von hinten meine zehn Fingernägel so ins Genick neingsetzt, dass er gemeint hat, er hat seinen Kopf in a Rosshaarzupfmaschine neibracht. Mei Mann will mir helfen, der dumme Depp packt mich in der Finsternis und haut mir oane nach der andern runter. Der Platzanweiser hat sich mit seiner Uhrketten in meinen Lockenchignon verwickelt, die Leut haben alle geschrien: ›Licht, Licht!‹ und bis wir uns besonnen haben, war schon Licht – aber Tageslicht, sind wir schon auf der Straße draußen gelegen. Ausgeschaut ham mir, als wenn wir 14 Tage in einem feindlichen Stacheldrahtverhau drin ghängt wären.«[49]

Von Februar 1921 bis Februar 1922 gastieren sie im Monachia am Karlstor und vom 1. Februar bis 15. August wieder im

Germania-Brettl. Im Laufe der Zeit bekommt Liesl Karlstadt ein ansehnliches Repertoire an Figuren zusammen. Und obwohl diese unterschiedlicher nicht sein können, nimmt man sie ihr ausnahmslos ab. Für die Kritik ist sie »Münchens entschieden beste Komikerin«[50]. Sie ist als billiger Jakob so lebensecht wie als Hausmoasterin, die sich frühmorgens über die fehlende Milchkanne ärgert. Je lauter und derber ihre Frauen sind, umso besser kommt sie auf der Bühne in Fahrt: »I, no net gscheit ozogn, no net frisiert, wui glei zu da Hofarin unsera Millifrau ummibretschn, dawei kimmt da Millibua schö pomadi über d'Stiagn aufakrabet. ›Tua de fei Du wia a Gütazug daherschleicha, schäbiger Millibankert‹ hab i gsagt, ›wost woaßt, dass ma auf d'Milli wartn‹, und hab an Buam oane gwischt, dass eahm glei da Millikübi auskemma is. ›Dös sag i meiner Mutter‹, hat er blärrt und is davo wia da Teifi. – ›Ja, sags ihr nur Deiner Muatter‹, hab ich gsagt, ›Bankert, unzeitiger, und lass de nimma dablicka, sonst reiß i Dir deine Senflöffin aus Dein rotharatn Kommisloabikopf‹.«[51]

Es fällt auf, dass ihre Frauen zwar unheimlich komisch, aber nie wirklich weiblich sind. Frauen, die ohne Punkt und Komma in einer eher unangenehmen Tonlage sprechen, spielt sie am liebsten. Unsägliche Nervensägen sind ihre Paraderollen. Sie ist so großartig, dass die Schallplattenfirma Polyphon im September 1919 eine erste Schallplatte mit ihr aufnimmt.

DIE FRAU HINTER DEN KOSTÜMEN

Interessanterweise ist die wahre Liesl Karlstadt niemals auf der Bühne zu sehen. Wer die Frau neben Valentin wirklich ist, bleibt im Dunkeln. Die hübsche junge Frau verschwindet hinter dem Gezänke und Gekeife der Frauen oder den Hosen und anzüglichen Sprüchen der Männer, die sie auf der Bühne darstellt. Wie groß die Diskrepanz zwischen ihrer Person und ihren Rollen ist, bleibt auch der Kritik nicht verborgen: »Liesl Karlstadt, unter den weiblichen Vertretern des Münchner Volkshumors unstreitig an erster Stelle (...) ist ein Unikum an Opferwilligkeit für die gute Sache des Spiels, ein Unikum in der Überwindung aller weiblichen Eitelkeit. Im Gegensatz zu tausenden ihrer

Kolleginnen wählt sie fast immer Typen, die sie um Jahrzehnte älter erscheinen lassen, als sie wirklich ist. Wer sie nur auf dem Podium sah, hat keine Ahnung, was für eine jugendliche, frische, fesche und sympathische Persönlichkeit sich hinter diesen Brillen und Kapotthüten einherbewegt.«[52]

Durch ihre Hosenrollen treibt Liesl Karlstadt ihr Spiel mit Realität und Fiktion auf die Spitze. Im Laufe ihrer Karriere wird sie sich achtzehn verschiedene Männerrollen aneignen. Ein Theaterkritiker schreibt dazu: »Am liebsten erscheint sie in Hosenrollen. Aber sie benützt diese Verkleidung nicht, um ›Theater‹ zu machen; nicht, um all die Register der Burschikosität zu ziehen, mit denen die Hosenrollen-Insassinnen gemeinsam aufwarten. Sie benützt diese Verkleidung, weil sie der verschmitzten Art ihres Naturells am meisten entspricht.«[53] Tatsächlich brilliert sie als junger Bursche ebenso wie als gestandenes Mannsbild. Dass sie stets die perfekte Verkörperung des Dargestellten ist, verdankt sie ihrer exakten Beobachtungsgabe. Ehe sie eine neue Rolle übernimmt, geht sie auf Forschungsreise durch die Stadt, sucht nach Menschen, die der Figur, die sie auf der Bühne verkörpern soll, am ehesten entsprechen, und studiert diese genau: »Wir liebten es, solche kleinen Lokale in den Winkeln Altmünchens aufzusuchen. Sie steckten (...) voller Anregungen für uns. Nirgends konnte man dem Volk besser aufs Maul schauen, nirgends konnte man besser studieren, mit welchem Griff ein echtes Münchner ›Vorstadtgwachs‹ seinen Maßkrug anfasst, und wie der Herr Schreinermeister von nebenan seinen unförmigen Regenschirm abstellt und seinen altersschwachen Koks aus der Stirn schiebt, ehe er einen Zug macht.«[54]

Mit Hilfe ihrer Feldforschung gelingt es ihr, sich der Bühnenfigur nicht nur zu nähern, sondern alles an sich zugunsten der Rolle aufzugeben: Gang, Haltung, Bewegung, Stimme, Sprechweise, Mimik und Gestik. Nichts erinnert mehr an die Frau Liesl Karlstadt. Sie schafft es bis ins kleinste Detail, sich in andere hineinzufühlen, versteht, was diese im Innersten bewegt: »Liesl Karlstadts Kunst hat die rechte Bescheidenheit, den unerlernbaren Takt des volksmäßigen natürlichen. Fern liegt jede Über-

Liesl Karlstadt als Kapellmeister in »Theater in der Vorstadt«, 1926

treibung, auch im Grotesken, im Skurrilen. Wie selbstverständlich, ohne die leiseste Forciertheit spielt diese Frau ihre vielen und vielfältigen Hosenrollen! (...) Bei der Liesl Karlstadt ist die Komik nur aus der dargestellten Figur selbst entwickelt, es gibt nichts Hergeholtes, Erdachtes, Aufgesetztes, es ist in jeder Faser eine *menschliche* Komik«[55], schreibt Rudolf Bach über sie. Voraussetzung für diese große Kunst ist ihre große Neugier auf Menschen. Im Gegensatz zu Valentin ist sie immer bereit, sich auf andere einzulassen, immer offen für neue Kontakte. Sie kann sich bis zur Selbstaufgabe in andere Menschen hineinversetzen, was Fluch und Segen jedes guten Schauspielers ist. Denn auch wenn es ein Zeichen von Sensibilität, Einfühlungsvermögen und Empfindsamkeit ist, kann es doch in dem Maße, in dem man sich dabei selbst vergisst, immer mehr zum Problem werden. Doch daran verschwendet sie keinen Gedanken. Sie ist jung, geht ihrem Traumberuf nach und spielt an der Seite des Mannes, den sie liebt. Zudem gibt ihr der Erfolg Recht.

Einer ihrer größten Triumphe wird die Darstellung des Kapellmeisters, den sie im August 1918 in »Theater in der Vorstadt« als Teil des Bühnenprogramms »Tingel-Tangel« zum ersten Mal gibt. 1933 wird das Stück unter dem Titel »Die Orchesterprobe« verfilmt. Noch heute fällt es dem Zuschauer schwer, hinter der Maske des konfusen ältlichen Orchesterchefs Liesl Karlstadt auszumachen. Es gelingt ihr damals sogar, Freunde und Kollegen zu täuschen. Als die berühmte österreichische Schauspielerin Fritzi Massary nach einer Vorstellung Karl Valentin in seiner Garderobe aufsucht und danach fragt, warum denn heute Liesl Karlstadt nicht mit auf der Bühne stand, deutet dieser nur stumm auf den Kapellmeister. Massary ist sprachlos: »Das ist ja nicht möglich! Jetzt sitz ich zwei geschlagene Stunden ganz vorn an der Bühne und wär nie auf die Idee gekommen, dass dieser Kapellmeister ein weibliches Wesen ist!«[56]

Wie perfekt sie ist, zeigt sich letzlich an den zahlreichen Liebesbriefen, die sie von Frauen erhält, die glauben, hinter der Maske stecke tatsächlich ein Mann: »So passierte es mir einmal, dass eine Angestellte des Büffets des Theaters, in dem wir auftraten, mir jeden Tag Liebesbriefe schrieb. Einmal sprach sie mich an, da war ich schon in Hosen und geschminkt, sie hielt mich wirklich für einen Mann und bat mich um ein Rendezvous. Als ich wieder als Frau aus dem Theater ging, kam sie mir zufällig abermals entgegen. ›Ich habe gerade Ihren Bruder gesprochen‹, sagte sie zu mir. ›Der sieht ihnen kolossal ähnlich. Nicht wahr, Sie sind die Schwester? Bitte, sagen Sie ihm, er solle morgen bestimmt zum Rendezvous kommen, ich hätte großes Interesse für ihn!‹ Ich hab es ihm nicht ausgerichtet ...«[57]

Sie hat ihren Spaß daran, die Leute an der Nase herumzuführen. Mit einem Zimmermädchen namens Adele, das sich unsterblich in sie verliebt, trifft sie sich unter dem Pseudonym Fritz Meier. Erst als ihr Adele zu sehr auf die Pelle rückt, lässt sie ihr einen Brief übermitteln, in dem Fritz Meier als übler Schürzenjäger enttarnt wird. Als die gekränkte Adele am anderen Tag nach der Vorstellung schnurstracks in Fritz' Garderobe marschiert, um den Treulosen zur Rede zu stellen, macht sie eine empörende Entdeckung: »Was? A Raufbold bist, a Schürzenjäger? Und a Madel bist aa no? Jetzt hab i aba gnug von dö Mannsbilder! Jetzt schmiert mi so leicht koaner mehr aus.«[58]

Liesl Karlstadt gelingt es mühelos, alle angeblich feststehenden Kategorien aufzulösen. Die Kategorien Mann – Frau gelten für sie ebenso wenig wie die Kategorien jung – alt. Man nimmt ihr den androgynen Firmling genauso ab wie den draufgängerischen Luke von der Au oder den gesetzten Kapellmeister. Sie ist naiv und schlau, kokett und derb, laut und verschmitzt, kurzum alles, was Situation, Rolle und letztlich auch Karl Valentin von ihr verlangen. Höhepunkt ihrer Verwandlungskunst wird der Einakter »Ehescheidung vor Gericht« werden. Hier spielt sie fünf verschiedene Personen, tritt nacheinander als angeklagter Ehemann Peter Zellner mit Vollbart und Hut, als seine schicke Ehefrau Mizzi, als kesser halbwüchsiger Sohn Karl, als preußischer Untermieter Herr Schulze aus Berlin mit Spitzbart und Brille und zuletzt noch als Münchener Milchfrau Amalie Schnell auf. Ihrer Wandlungsfähigkeit scheinen keinerlei Grenzen gesetzt.

Dass sie dennoch so lange nur als Stichwortgeberin Valentins wahrgenommen wird, ist erstaunlich. Erst ihre Verwandlungskunst macht Valentins hintersinnigen Humor sichtbar. Sie ist es, die dafür sorgt, dass die Grotesken vor immer neuem dramaturgischem Hintergrund stattfinden können. Sie schafft nicht nur die Bühne für seine Ideen, sondern ist auch an deren Entwicklung unmittelbar beteiligt: »In dieser merkwürdigen, doppelbödigen, leise unheimlichen Welt [Karl Valentins] ist Liesl Karlstadt sozusagen das Diesseits, der Tag, das Maß, das Umgrenzte, Natürliche, Vernünftige, das Bürgerliche, der Verstand bis hinab ins Nüchterne, der *Gegenpol* aller lächelnden oder melancholischen oder bissigen Narretei. Liesl ist zart, lieb, nüchtern, humorvoll, gutmütig, bösartig, grob, skeptisch, überlegen, graunzerisch, charmant, beschränkt, schlau – je nachdem, in welcher Gestalt dieser ewige Gegenpol sich verkörpert: ob in dem wampigen, eingebildeten Dirigenten eines kläglichen Vorstadtvarietés oder in einem kleinen, behänden Pyrotechniker; ob in einem lustig-listigen Trommelbuben der altmünchner Bürgerwehr oder einem hübschen, verliebten ›Kocherl‹ im Sonntagsstaat, oder einer schwatzhaften Bäuerin (...) Stets aber ist sie der ›normale‹ Widerpart, an dem der Funke des Valentinschen Urnonsens sich erst entzündet – sozusagen der Sancho Pansa zu dem Don Quijote Carl Valentins«[59], wird 1937 ein Kritiker über die Frau an der Seite Karl Valentins schreiben. Ihre Biografin Monika Dimpfl hat zurecht darauf hingewiesen, dass die Szenen und Dialoge in den Stücken der beiden gerade deshalb immer wieder verändert werden konnten, weil Liesl Karlstadt so ungeheuer wandelbar ist. So ist sie, bevor sie im Vorstadtorchester den Orchesterchef gibt, der Mann an der großen Trommel. In »Brillantfeuerwerk oder ein Sonntag in der Rosenau« spielt sie zunächst einen Feuerwerker, später das Kocherl. Alle Stücke können hinsichtlich Dramaturgie, Schluss und Rollen variieren, eben weil Liesl Karlstadt eine so vielseitige Schauspielerin ist. Sie gibt Valentin die Möglichkeit zur Improvisation, indem sie sich selbst vollkommen zurücknimmt und ihm als Widerpart die Personen liefert, an denen er sich reiben kann. Ist er der Meister der Sprachakrobatik, so beherrscht sie das Rollenspiel wie keine Zweite.

Und meist macht ihr dieses Spiel Freude, macht es ihr Spaß Verwirrung zu stiften. Nur in seltenen Augenblicken meldet sich die junge Frau in ihr zu Wort: »Komisch ist, dass ich mit ihm immer *Männerrollen* spielen muss. Es hat mich erst Mühe gekostet, meine weibliche Eitelkeit dabei zu vergessen. Wenn ich z. B. den Kapellmeister im ›Vorstadtorchester‹ spiele, mit Spitzbart und ausgestopftem Bauch, da nehmen viele, die mich in Wirklichkeit nicht kennen, an, ich wöge zwei Zentner und sei 60 Jahre alt. Ich kann aber mit gutem Gewissen versichern, dass beides nur zur Hälfte wahr ist!«[60] Wägt sie jedoch ab, dann kommt sie stets zu dem Ergebnis, dass ihr diese Rollen doch mehr Vorteile als Nachteile bieten. Die Möglichkeit, in eine andere Haut zu schlüpfen, eine andere Identität anzunehmen, schafft ihr einen Freiraum, der ihr so gut gefällt, dass sie ihn manchmal auch jenseits der Bühne nutzt. Damit ist sie in den 20er-Jahren keine Seltenheit. Zahlreiche ihrer Geschlechtsgenossinnen gehen über den modischen Trend hinaus und treten in diesen Jahren in der Öffentlichkeit als Mann auf. Viele Frauen lieben die Verwirrung, die sie damit anrichten, und genießen eine ungewohnte Freiheit in einer Gesellschaft, in der Frauen noch immer unter der Geschlechterhierarchie leiden. Liesl Karlstadt wird in den entscheidenden Phasen ihres Lebens als Mann auftreten. Auf der Bühne entdeckt sie, dass man sich in Hosen gut verstecken kann: vor einer unliebsamen Realität, vor Menschen die einem übel mitspielen, vor seinen eigenen Gefühlen und letztlich vor sich selbst. Männerrollen werden ihr zum Fluchtweg, wann immer sie vor einer Welt, der sie sich nicht gewachsen fühlt, davonlaufen möchte. Wenn sie in späteren Jahren die Frau Liesl Karlstadt mit all ihren Problemen loswerden will, wird sie in eine Männerrolle schlüpfen.

Was als Spiel beginnt, wird zur Überlebensstrategie.

»Beruf: Nervenärztin
Nebenbeschäftigung: Komikerin«
(Liesl Karlstadt)

3 Eigenständige Künstlerin und schauspielernde Hebamme *oder* wie man sich in einer Männerwelt behauptet ...

EINE FRUCHTBARE ZUSAMMENARBEIT

Liesl Karlstadt wird für Karl Valentin privat und beruflich unentbehrlich. Sie ist Sekretärin, Bühnenpartnerin, Ideengeberin, Managerin, Psychiaterin – alles in einer Person. Ganz abgesehen von den kreativen Impulsen, braucht er schlicht und einfach ihre praktische Mithilfe. Valentin liebt die Improvisation, etwas schriftlich zu fixieren, nur um sich später daran zu erinnern, ist ihm zuwider. Ihr obliegt es, spontane Einfälle auf der Bühne schriftlich festzuhalten, dabei selbst die kleinste Veränderung zu notieren und ihn durch unermüdliches Nachfragen zu immer neuen dialektischen Höchstleistungen zu bringen: »Wir verfassen unsere Stücke selbst, indem wir in die Probe gehen, bewaffnet mit Bleistift und einem Stück Papier. Da sprechen wir von verschiedenen vorhandenen Ideen, das heißt: Ich stelle Fragen, und er beantwortet sie mir! Alles, was er mir da sagt, schreibe ich sofort auf. Prof. Wiesenthal in Wien riet mir, den Bleistift immer bei mir zu haben, um improvisierte Witze Valentins sofort notieren zu können. Kurz darauf traf er uns im Kaffeehaus. Ich hatte gerade Bleistift und Papier vor mir liegen. ›Nun, was ist los mit euch, ihr sitzt ja so still da?‹ fragte er mich. ›Heute hab ich Bleistift und Papier bei mir, da macht er keinen Witz!‹ antwortete ich, und so war es auch wirklich.«[61] Aus dieser Schilderung nun zu schließen, sie wäre nicht viel mehr als eine etwas bessere Sekretärin für Valentin, hieße ihren Einfluss zu unterschätzen. Ihre Mitarbeit an den Stücken geht über diese rein praktische Tätigkeit weit hinaus. Denn Dialoge leben nicht nur von Antworten, sondern gerade auch von den richtigen Fragen. Ihre rasche Auffassungsgabe und ihr kluges Einfühlungsvermögen werden zu Geburtshelfern seiner skurrilen Wortspiele.

Liesl Karlstadt ist in jedem Stadium an der Entwicklung neuer Stücke beteiligt. Manche Ideen sind allein ihrer genauen Beobachtungsgabe zu verdanken. Sie gibt dem menschenscheuen Valentin durch ihre Neugier auf und an den Menschen viele Impulse. Zumeist sind es Momentaufnahmen des Alltags, in denen der ganz normale Wahnsinn, den die beiden noch auf die Spitze treiben, sichtbar wird. Und derartige Beobachtungen macht zumeist Liesl Karlstadt, die sich gern auf andere Menschen einlässt. Die Idee zum »Firmling« bringt sie 1922 aus einem Zigarrenladen mit, in dem ein Mann aus Begeisterung über den Firmanzug seines Sohnes immer wieder auf die Theke schlägt und dabei laut ausruft: »Der Bua probiert den Anzug und stellen

Die stolze Führerscheinbesitzerin. Aus dem privaten Fotoalbum Liesl Karlstadts

S' Eahna vor – passt hat er!« Später erinnert sie sich ganz genau daran: »In den Frühlingstagen des Inflationsjahres 1922 musste ich einmal in einem Zigarrenladen in der Reichenbachstrasse ziemlich lange warten. Ich kam gerade dazu, wie der alte Inhaber des Lädchens einem Kunden eine endlose Geschichte erzählte. Erst fand ich sie schrecklich langweilig, aber bald wurde ich immer aufmerksamer, dann musste ich schmunzeln und zuguterletzt hell heraus lachen, so urkomisch war, was ich da zu hören bekam. (...) Das war etwas für Karl Valentin! Ich rannte spornstreichs zu ihm. Er war sofort Feuer und Flamme. Und tatsächlich gelang es uns am nächsten Tage allen beiden, das kleine Zigarrengeschäft wieder zu finden und den Inhaber, der weder eine Ahnung von unserem Vorhaben hatte, noch mich wiedererkannte, zu einer ebenso schönen Wiederholung seiner Geschichte (...) zu bringen.«[62] Der Firmling wird eines ihrer populärsten Stücke, ein Erfolg der nicht zuletzt der schauspielerischen Meisterleistung Liesl Karlstadts als Firmling zu verdanken ist.

Aus derlei Alltagssituationen entwickeln die beiden peu à peu ihre Stücke. Nichts ist fest, alles erfährt immer wieder eine neue Improvisation. Durch Liesl Karlstadts Notizen finden die beiden immer wieder zum Ausgangspunkt zurück, können erneut neue Wege einschlagen, irren, wirren und zuletzt den gordischen Knoten doch auflösen. Alles entwickelt sich aus einem Dialog heraus, der zwei Protagonisten erfordert. So beginnen die Stücke als normale Alltagsgespräche und enden in verstörenden Wortklaubereien, die nur dadurch aufzulösen sind, dass er, ganz im Valentinschen Sinne, eine andere Weltanschauung hat als sie. Liesl Karlstadt vertritt in diesen Zwiegesprächen textlich das real Fassbare, Valentin das surreale Element. Interessanterweise ist dies rollentechnisch genau umgekehrt. Da ist Valentin real, während Liesl Karlstadt hinter ihren Masken verschwindet. Im Zusammenspiel der beiden Komiker entsteht etwas, das vielen Kritikern als »großes komisches Theater, das schönste und tiefste gewiss seit Nestroys Tagen«[63] gilt.

Valentins skurriler Nonsens kann sich nur im Zusammenspiel mit der unbeirrbaren Normalität seiner Partnerin entwickeln. Nur weil Liesl Karlstadt auf alle noch so abstrusen

Argumente eingeht und mit ihm auch die absurdeste Sachlage todernst durchdiskutiert, kann Valentins Humor wirken. Seine Komik steht und fällt mit dem Widerspruch, den ihm sein Widerpart und seine Komplizin Liesl Karlstadt bietet. Zwischen den beiden herrscht unbedingtes Vertrauen. Der österreichische Schriftsteller Anton Kuh beobachtet die beiden einmal, als sie sich in einem Cafe den Kopf über ein neues Stück zerbrechen: »Es ist das seltsamste, genialste Dichtungsverfahren; statt, dass sie sich ›Rollen auf den Leib schreiben‹, lesen sie sie von ihrem Leib ab. Die zwei großen Mundart-Kinder in der Münchener Kaffeehausecke – eine Oase im schreibenden, wortmächtigen, verlegenden Deutschland. Hänsel und Gretel, in die Literatur verirrt.«[64]

Heute lässt sich nicht mehr genau bestimmen, was dabei von wem stammt, wer genau welchen Einfall hatte. Dem trägt auch Karl Valentin Rechnung, indem er Liesl Karlstadt, die er zunächst noch als seine Schülerin bezeichnet hatte, auch im offiziellen Sprachgebrauch zur Mitarbeiterin und Mitverfasserin seiner Stücke erklärt. [65]

So wie die Stücke entwickelt werden, ist strikte Arbeitsteilung schlichtweg nicht möglich: »Kommt Valentin auf die Probe, dann weiß er nur *was* gemacht werden soll, aber keineswegs *wie*. Das Thema, die Situation, eine ungefähre Grundlinie des Geschehens liegen fest, nicht mehr. Valentin sagt dann etwa zu Liesl Karlstadt: ›Also du machst jetzt einen Kapellmeister und ich mach einen von den Musikern. Ich schimpf' über dich zu den andern, da kommst du daher, ohne dass ich's merk. Auf einmal sagst du: ›Wen haben Sie denn da gemeint, mit dem alten Nussknacker und seinem saudummen Gesicht?‹ Dann, wart, dann sag ich recht blöd: ›Meinen Bruder!‹ dann sagst du …‹, und so geht es weiter; zugleich dichtend, inszenierend, spielend erschaffen sich die Zwei ihr Stück. Es wird allmählich voller, farbiger, runder, bleibt aber stets Improvisation«[66], schildert der Theaterkritiker Rudolf Bach den Prozess der Entstehung. Von Probe zu Probe wird der Text weiterentwickelt, Neues kommt hinzu, Altes fällt weg. Nicht einmal am Tag der Aufführung ist das Stück wirklich fertig, wie sich Liesl Karlstadt erinnert: »Die allerbesten Einfälle, die witzigsten Sachen sind dann erst während der Aufführung entstanden, wenn die Leute gelacht haben. Nur ist da so viel verlorengegangen, denn wenn er guter Laune war, und gutes Publikum da war, die ihn verstanden haben, dann ist ihm so viel Neues eingefallen, und unter dem Spielen hab ich mir gedacht: ›Das muss ich mir merken, das muss ich mir merken‹, und er auch – und wenn wir fertig waren, haben wir vielleicht von zehn Witzen bloß mehr einen gewusst.«[67]

Es bleibt ein Stehgreifspiel, das von den Akteuren vollste Konzentration und ein hohes Maß an Einfühlungsvermögen erfordert. Um da mithalten zu können, muss man sich gut kennen, und Liesl Karlstadt kennt Karl Valentin bald besser als irgendjemand sonst. In kürzester Zeit ist es ihr gelungen, für Valentin eine Atmosphäre der künstlerischen Freiheit und der Geborgenheit zugleich zu schaffen, in der dieser seine Kunst entfalten kann. Sie ist es, die ihn sanft auf den Boden zurückholt, wenn er sich in seinen Valentinaden verirrt. Sie hilft ihm auf die Sprünge, wenn er an seine Grenzen zu stoßen scheint. Erst mit ihrer Hilfe werden die Notizzettel mit den Satzfetzen, die er zur Probe mitbringt, zum Leben erweckt.

Die »Firma Valentin-Karlstadt«, wie Valentin sie nennt, ist ein perfektes Team und auf dem besten Wege zum Erfolgsprodukt abseits der auf Münchener Volksbühnen üblichen Schenkelklopfer.

Unzweifelhaft entstehen die meisten Stücke in Zusammenarbeit. Dass Valentin daneben eigene Texte, auch für seine Partnerin, schreibt, ist kein Geheimnis. Doch auch aus Liesl Karlstadts Feder stammen einige wunderbar komische Monologe.

Verein ›Die Katzenfreunde‹
Ansprache der Frau Hauptzollamtsverwaltersgattin
Rosa Meilinger
an die Mitglieder des Vereins ›Die Katzenfreunde‹

Meine lieben Mitglieder des Vereins ›Die Katzenfreunde‹!
Als Schriftführerin des Vereins ›Die Katzenfreunde‹ habe ich Ihnen bei der heutigen Generalversammlung Folgendes zu

berichten: Die Mitgliederzahl hat sich bis zum heutigen Tag auf 26 Mitglieder erhöht. Es sind dies die Frau Generaldirektor Buchner, Frau Kanzleisekretär Brand, Frau Oberpostrat Kammberger, Frau Konsistorialrat Ammerland, Frau Bezirkskommissär Hofmann, Frau Oberinspektor Sallinger, Frau Gerichtsassessor Strohmeier, Frau Magistratsfunktionär Eisemann, Frau Straßenbahnkontrolleur Stangl, Frau Aufsichtsrat Lochbichler, Frau Polizeiwachtmeister Nennhuber, Frau Gewerberat Schettler, Frau Reichsbahnexpeditor Ebentaler, Frau Geheimrat Löfflberger, Frau Cafetier Bernreiter, Frau Hauptzollamtsverwaltersgattin Meilinger, Frau Bahnadjunkt Wallner, Frau Finanzminister Sollfrank, Frau Akademieprofessor Oberstädter, Frau Generalmajor Gallinger, Frau Oberregierungsrat Scheinwallner, Frau Baumeister Trotz, Frau Oberbaurat Lechner, Frau Revierförstersgattin Bleimeier, Frau Kommerzienrat Spitzinger und Frau Realitätenbesitzersgattin Randlkofer.

An alle diese Genannten haben wir Einladungen zu unserer heutigen Generalversammlung geschickt. Leider haben sich heute nur folgende Mitglieder eingefunden: Die Frau Bahnadjunkt Wallner, Frau Finanzminister Sollfrank, Frau Akademieprofessor Oberstädter, Frau Generalmajor Gallinger, Frau Oberregierungsrat Scheinwallner, Frau Baumeister Trotz, Frau Oberbaurat Lechner, Frau Revierförstersgattin Bleimeier, Frau Kommerzienrat Spitzinger, Frau Realitätenbesitzersgattin Randlkofer.

Wenn aber die heute fehlenden Mitglieder, nämlich die Frau Generaldirektor Buchner, Frau Kanzleisekretär Brand, Frau Oberpostrat Kammberger, Frau Konsistorialrat Ammerland, Frau Bezirkskommissär Hofmann, Frau Oberinspektor Sallinger, Frau Gerichtsassessor Strohmeier, Frau Magistratsfunktionär Eisemann, Frau Straßenbahnkontrolleur Stangl, Frau Aufsichtsrat Lochbichler, Frau Polizeiwachtmeister Nennhuber, Frau Gewerberat Schettler und Frau Reichsbahnexpeditor Ebentaler meinen, sie können ohne Entschuldigung der Generalversammlung fernbleiben, so ist unser Vorstand, Herr Gewerbeinspektor Weber genötigt, das Fernbleiben der Mitglieder, und zwar der Frau Generaldirektor Buchner, Frau Kanzleisekretär Brand, Frau Oberpostrat Kammberger, Frau Konsistorialrat Ammerland, Frau Bezirkskommissär Hofmann, Frau Oberinspektor Sallinger, Frau Gerichtsassessor Strohmeier, Frau Magistratsfunktionär Eisemann, Frau Straßenbahnkontrolleur Stangl, Frau Aufsichtsrat Lochbichler, Frau Polizeiwachtmeister Nennhuber, Frau Gewerberat Schettler und Frau Reichsbahnexpeditor Ebentaler zu rügen.

Wenn die zuletzt hier angeführten Damen glauben, unsere Vorstandschaft schickt die Einladungen an die Mitglieder nur deshalb, dass die eingeladenen Mitglieder kommen wollen, wann es ihnen gefällig ist zu kommen, oder ist zu sein, so täuschen sich die eingeladenen Mitglieder schwer. An folgende Mitglieder: Frau Generaldirektor Buchner, Frau Kanzleisekretär Brand, Frau Oberpostrat Kammberger, Frau Konsistorialrat Ammerland, Frau Bezirkskommissär Hofmann, Frau Oberinspektor Sallinger, Frau Gerichtsassessor Strohmeier, Frau Magistratsfunktionär Eisemann, Frau Straßenbahnkontrolleur Stangl, Frau Aufsichtsrat Lochbichler, Frau Polizeiwachtmeister Nennhuber, Frau Gewerberat Schettler und Frau Reichsbahnexpeditor Ebentaler ergeht nun eine Mahnung.

Sollten die Mitglieder bei der nächsten Generalversammlung wieder nicht erscheinen, so werden die Mitglieder wie Frau Generaldirektor Buchner, Frau Kanzleisekretär Brand, Frau Oberpostrat Kammberger, Frau Konsistorialrat Ammerland, Frau Bezirkskommissär Hofmann, Frau Oberinspektor Sallinger, Frau Gerichtsassessor Strohmeier, Frau Magistratsfunktionär Eisemann, Frau Straßenbahnkontrolleur Stangl, Frau Aufsichtsrat Lochbichler, Frau Polizeiwachtmeister Nennhuber, Frau Gewerberat Schettler und Frau Reichsbahnexpeditor Ebentaler aus unserem Verein ›Die Katzenfreunde‹ einfach ausgeschlossen.[68]

© 2007 Piper Verlag GmbH, München, aus: Sämtliche Werke, Bd. 9, S. 87f.

Selten wurde die in Deutschland bis nach dem Zweiten Weltkrieg so weit verbreitete Sitte der Promotion auf dem Standesamt so wunderbar ins Absurde getrieben wie in diesem Text.

Die stolze Gattin, die sich mit der Berufsbezeichnung des Ehemanns schmückt, die Arztgattin, die sich so gern als Frau Doktor titulieren lässt – Liesl Karlstadt kennt sie nur zu gut, all die Frauen, die sich über den Mann an ihrer Seite definieren. Sie bilden den Gegenentwurf zu ihrem eigenen Leben. Denn sie mag die Partnerin Valentins sein, sein Anhängsel ist sie nicht. Die junge Frau verdient ihren eigenen Lebensunterhalt, ist unter ihrem eigenen Namen eine Berühmtheit. Die skurrile Anhäufung von Titeln ist ihr Versuch, durch Komik Kritik zu transportieren, aufzuzeigen, wie viel sinnvoller es wäre, wenn all diese Berufsbezeichnungen tatsächlich den Beruf der Frauen wiedergeben würden. Es ist ein kluger Blick auf eine von Männern dominierte Gesellschaft, die auch ihr oftmals die verdiente Anerkennung verweigert, und er gipfelt in der bitteren Wahrheit ihrer Zeit: Das einzig männliche Mitglied im Verein der Katzenfreunde ist selbstredend der Vorstandsvorsitzende!

VERNACHLÄSSIGT VON DER KRITIK

Obwohl das Komikerduo Karlstadt-Valentin einander in nichts nachsteht, wird ihre Leistung vielfach nicht entsprechend honoriert. Eine Tatsache die sie zunächst hinnimmt. Doch manchmal bricht die Enttäuschung darüber doch aus ihr heraus: »Die Zeitungen haben bis dato nur über ihn geschrieben und mich total vergessen.«[69] Die Firma heißt Valentin–Karlstadt, nicht umgekehrt. Während sein Name im Laufe der Zeit auf den Plakaten immer größer wird, macht ihr Name die umgekehrte Entwicklung durch. Lion Feuchtwanger, der Valentin in »Erfolg« porträtiert, erwähnt Liesl Karlstadt nur am Rande. Nicht einmal einen Kunstnamen ist sie ihm wert, sie bleibt die namenlose »Gefährtin«: »Unterdessen schminkte in seiner Garderobe der Komiker Balthasar Hierl sich ab. Mit Vaseline entfernte er das klägliche Weiß von seiner Nase, das giftige Rot von seinen Backen, mürrisch auf einem plumpen Holzschemel hockend. Leise dabei schimpfte er vor sich hin, das Bier sei nicht warm genug; denn er litt am Magen und durfte sein Bier nur gewärmt trinken. Seine Gefährtin, die den Feuerwehrhauptmann gespielt hatte, ein resolutes Frauenzimmer, noch in der Uniform des Feuerwehrmanns, redete beschwichtigend auf ihn ein; er war schwierig, immer erfüllt von Depressionen. Sie erklärte ihm, das Bier habe genau die vorgeschriebene Temperatur. Aber er murrte nur unzugänglich vor sich hin über die Weibsbilder, die damischen, die immer das letzte Wort haben müssten. (...) Knurrig, mit gelangweiltem hohlwangigen Kopf, ausgemergelt, in schlotterigen, langen Unterhosen, stand er da, kläglich, trank, blinzelte seine Gefährtin an, schimpfte leise vor sich hin. Endlich, er war trotz guter Einnahmen geizig und scheute den Luxus einer Mietdroschke, ließ er sich von ihr zu einem Straßenbahnwagen ziehen. Auf der Plattform drängte er sich an sie, voll Angst vor der Berührung der fremden Leute.«[70]

Selbst wenn die *Weltbühne* schreibt: »Wie es dieser Karlstadt, der zweiten Hälfte dieses bayerischen Monstrums Valentin, gelingt, diese andere Hälfte zu überleben, zu dirigieren, diesen stillen, tötenden Blödsinn, diese Reise, ins Irreale zurückzuführen, muss man gesehen haben, man kann es nicht schildern!«[71], wird sie nur selten als eigenständige Künstlerin wahrgenommen. Wohlmeinende Kritiker sehen in ihr noch die kongeniale Partnerin Valentins, den meisten aber verkommt sie zur Stichwortgeberin. Die Missachtung der Presse drückt sich schon allein darin aus, dass ihr Vorname gerne falsch geschrieben wird. Dabei legt sie größten Wert auf ihr »e« in Liesl. Doch es gehen viele Jahre ins Land, ehe sie sich traut, dagegen aufzubegehren: »Verehrte AZ! Schreibt's doch endlich meinen Namen richtig! I hoaß Liesl mi ›e‹! I schreib' ja auch net Abndzeitung ohne ›e‹. Also mei ›e‹ möchte i ham! Zwar hat mich bereits König Ludwig III. auch schon falsch g'schrieb'n, als er mir einen Orden zum 100. Lazarettbesuch verlieh, ebenfalls Lisl und noch dazu mit einem langen ›s‹. Aber ich vermute, das is sein Schreiber gwen. Und was a König falsch macht, des braucht a demokratische Abendzeitung no lang net aa falsch machen!«[72]

Einen besonders schweren Stand hat Liesl Karlstadt bei den führenden Intellektuellen der Weimarer Zeit, die nicht müde werden, Valentins anarchistische Kapriolen zu rühmen. Gerade sie versagen ihr die verdiente Anerkennung. Ihre unzweifelhaft große schauspielerische Leistung hält in deren Augen dem Vergleich mit Valentins Wortklaubereien nicht stand. Dass diese Wortkapriolen auch ihr Verdienst sind, wird übersehen, er gilt als der kreative Kopf, sie als die fleißige Arbeitsbiene. Kaum jemand interessiert sich dafür, dass Liesl Karlstadt eine begnadete Musikerin ist und neben Klarinette auch Flöte, Piccoloflöte, Posaune, Gitarre, Tuba, Ziehharmonika und Trommel spielt. Die künstlerische Missachtung, mit der man ihr begegnet, drückt sich auch in ihrer Gage aus. Diese liegt immer unter der Valentins. Im Vertrag mit dem Kabarett «Wien-München» vom August 1916 werden pro Auftritt 20 Mark für Valentin und 8 Mark für Karlstadt vereinbart. Sie bekommt also lediglich 40 Prozent dessen, was er erhält. Auch als sie seiner Bekanntheit später in nichts nachsteht, ist die Bezahlung nicht gleich. Im November 1923 bekommt sie in Wien nicht mehr als die Hälfte von Valentins Honorar.[73] Im Schnitt erhält sie nur zwei Drittel dessen, was ihr männlicher Partner bekommt. Die bis heute übliche schlechtere Bezahlung von Frauenerwerbsarbeit macht auch vor der großen Künstlerin nicht halt.

Doch wäre Liesl Karlstadt tatsächlich nicht mehr als die Stichwortgeberin, so könnte Valentin sie jederzeit durch eine x-beliebige Schauspielerin ersetzen. Aber das kann er nicht. Wenn sie krank ist, fallen die Aufführungen aus. Ohne sie läuft gar nichts, auch im praktischen Sinne. Sie organisiert die Requisiten, hilft ihm auf die Bühne, souffliert ihm den Text. Sie ist Regieassistentin und kümmert sich um Dramaturgie und Bühnenbild. Sie erarbeitet mit den übrigen Mitspielern den Text, ist für deren Maske zuständig und wenn's sein muss, schminkt sie sie gar eigenhändig. Dass die Ideen auf der Bühne umgesetzt werden können, verdankt sich ihrem Organisationstalent und ihrer Phantasie, was Valentin unumwunden eingesteht: »Wissen's, dass dös was wird, dös macht d' Fräulein Karlstadt. I könnt dös net, i wär viel z'nervös dazu.«[74] Dabei ist es vor allem Valentin selbst, um den sie sich kümmern muss, denn der ist kaum in der Lage, ohne sie die Bühne zu betreten: »Er hat die 27 Jahre, wo wir zusammengearbeitet haben, jeden Tag, bevor der Vorhang aufgegangen ist, bei jedem Stück, was wir schon hundert- und zweihundertmal gespielt haben, gesagt: ›Gelt, wissen tu ich gar nix. Du sagst mir jedes Wort ein‹ Sag ich: ›Ja, das mach ich‹. Und das hab ich auch 27 Jahre lang gemacht. Ohne dass man es im Publikum gemerkt hat.«[75] Was es sie kostet, ihn unter diesen Umständen jeden Abend auf die Bühne zu bringen, kann man wohl kaum ermessen!

EINE ANSTRENGENDE PARTNERSCHAFT

Das Zusammenspiel mit Valentin verlangt Liesl Karlstadt einiges ab. Der große Komiker ist ein Misanthrop und ein Hypochonder, ein schrecklicher Pessimist und ein von Ängsten geplagter Mensch, der seiner Umwelt oftmals das Leben zur Hölle macht.

Die begeisterte Skifahrerin, Mitte der 20er-Jahre

Interessanterweise werden all seine negativen Eigenschaften von seinen vielen intellektuellen Bewunderern, die ihn für ein Genie halten, klaglos akzeptiert. Freundlichkeit, Geduld und Herzenswärme, die Eigenschaften, die Liesl Karlstadt im Übermaß mitbringt, stehen dagegen nicht so hoch im Kurs.

Für das Publikum unsichtbar schränken Karl Valentins unzählige Ängste auch das Leben der lebenslustigen Liesl Karlstadt ein. Seine panische Angst vor Reisen verhindert viele Gastspiele, und dabei würde Liesl Karlstadt nichts lieber tun als sich die Welt anzusehen: »Viele Jahre hindurch musste ich auswärtige Gastspielangebote abschreiben, weil K. Val. so entsetzliche Angst vorm Reisen, Bahn, Auto gehabt hat – u. das war der eigentliche Grund, dass wir München so treu geblieben sind«[76], gibt sie später in einem Interview zu. Alle ihre Bemühungen, seine Phobien zu überwinden, scheitern kläglich, wie allein Valentins misslungener Versuch zeigt, den Führerschein zu erwerben: »Ja, überaus ängstlich war er schon. Und seine Scheu vor allen Verkehrsmitteln – oh mei! Dabei hat er wirklich einmal mit mir zusammen einen Autofahrerkurs besucht. (...) Mit dem Schalten kam er nie zurecht ›Alle Autos san technisch völlig rückständig‹ murrte er. (...) Als wir einmal von der Lehrfahrt zurückkehrten, meldete Valentin dem Kursleiter: ›Heit ham mir leida Pech gehabt, mir ham an Flügel abbrocha‹ – ›Was?‹, rief der entsetzt, ›einen Kotflügel von meinem neuen Wagen?‹ – ›Na, net von Eahnem Wagen‹, erklärte Valentin. ›Einen Flügel von einem Schmetterling, mit dem mir zusammgerumpelt san ...‹ Acht Tage vor Schluss des Fahrkurses verzichtete Valentin auf den Rest und auf den Führerschein – er ließ sich künftig lieber von mir fahren (...).«[77] Liesl Karlstadt, die – für Frauen damals durchaus unüblich – ganz selbstverständlich den Führerschein erwirbt, wird eine begeisterte Autofahrerin. Allerdings darf sie nie schneller als Tempo 30 fahren, wenn Valentin auf dem Beifahrersitz sitzt.

Karl Valentin sorgt sich durchaus um sie, am allermeisten aber sorgt er sich um sich selbst. Als Liesl Karlstadt ihm zum Geburtstag einen Ring mit einem Lapislazuli schenkt, scheitert auch das an seinen Ängsten: »Lang hat er ihn nicht getragen. Als er nämlich in der Zeitung las, dass einem Soldaten, der beim Abspringen vom Lastwagen mit seinem Ring am Wagen hängengeblieben war, der Finger abgerissen wurde, hat Valentin nie mehr einen Ring getragen.«[78]

Seine Ängste vor unheilbaren Krankheiten und anderen Unglücksfällen überträgt er auch auf seine Partnerin, die vergeblich versucht, sich davon freizumachen. Wann immer die begeisterte Bergsteigerin in die Berge aufbrechen will, macht ihr Valentin eine Szene: »Du woaßt ganz genau, dass i dees net mag, dass d' allweil in die Berg umanandakraxelst und mi mit der Angst zrucklaßt.«[79] Dabei liebt sie die Berge über alles: »Auf dem Arber im Bayerischen Wald hab ich nach einem Nachtaufstieg 's erste Mal vom Gipfel aus an Sonnenaufgang gsehn. Da war's aus und gschehn!«[80] Sie ist eine versierte Bergsteigerin, klettert sogar auf den Großglockner. Schweren Herzens unterlässt Liesl Karlstadt diese und andere Vergnügungen jedoch oft, um ihren nervösen Partner nicht zu verärgern. Dieser ist in ständiger Sorge, ihr könne etwas zustoßen. Dann wäre er verloren. Und so fände er es durchaus angemessen, wenn sie sich um ihn ebenso große Sorgen machen würde, wie er dies tut. Als die immer pünktliche Liesl Karlstadt einmal zu spät ins Theater kommt, geht er auf sie los: »Wie kannst mir denn so was antun? Du woaßt do, wie i bin – dass i koa Ruah nimmer hab und mi so aufreg, wannst net da bist!«[81] Ihre Erklärung, sie habe eine Reifenpanne gehabt und deshalb unterwegs die Reifen wechseln müssen, stellt ihn nicht zufrieden. Gehen die beiden im Sommer zum Schwimmen, bleibt der wasserscheue Valentin zitternd vor Angst am Ufer sitzen und beobachtet mit Argusaugen die gute Schwimmerin: »Wie weit de hinausschwimmt. Naa, dös is furchtbar! Da kann i gar net hinschaun. Dös is nimmer zum Aushalten!«[82] Der Grat zwischen liebevoller Sorge und einengender Fremdbestimmung ist nicht nur in diesem Fall sehr schmal.

Doch Liesl Karlstadt weiß sich auch zu wehren. Einmal steckt sie einer Klofrau in Lindau 30 beschriebene Postkarten an Valentin zu mit der Bitte, jeden Tag eine nach München abzuschicken. Dann fährt sie weiter nach Genua. Wieder zu Hause wird sie von Valentin misstrauisch befragt: »›Du, i hab oan troffa, der hat g'sagt, du warst in Genua?‹ ›I war in Lindau – wia sonst hätt'st du denn die Postkarten kriagt?‹– ›Stimmt‹, beruhigt sich Valentin und ist zufrieden.«[83]

Der Exzentriker Valentin ist das Universum, um das sie sich drehen soll. Das tut sie nicht immer, doch je mehr Verantwortung er ihr für beruflichen Erfolg und privates Wohlergehen aufhalst, umso enger bindet er sie an sich. Er gibt sich hilflos. Von ihrem Verhalten hängt sein Wohl und Wehe ab. Dies setzt sie unter enormen Druck, aber noch hält sie ihm stand. Noch kümmert sie sich gern um den weltfremden Komiker: »So musste ich auch alles Geschäftliche für uns beide erledigen. Eines Abends hatten wir uns über einen Direktor, bei dem wir gerade engagiert waren, maßlos geärgert und überlegten, wie wir uns rächen könnten: ›Weißt, was d' machst‹, riet mir Valen-

Die unerschrockene Co-Pilotin, 1928

tin, ›glei' morgen in der Früh' rufst an und schimpfst nach Noten – aber lass di' vorher falsch verbinden, dass er's net hört …‹«[84] Nur manchmal fragt sie sich, was aus dem Mann geworden ist, der die kleine Soubrette so forsch angesprochen hat und sie dazu gebracht hat, ihr ganzes Leben zu ändern.

AUF TOURNEE

Die wenigen Tourneen, die in den nächsten Jahren trotzdem zustande kommen, erfordern Liesl Karlstadts ganze Geduld. Im August 1922 spielen die beiden zum ersten Mal außerhalb Münchens in der Züricher »Bonboniere«: »Ich hab' wochenlang meine ganze Überredungskunst aufbieten müssen, bis der Valentin den schönen Schweizer Vertrag mit zitternder Hand endlich unterschrieben hat. Aufgeführt hat er sich, als ob er sei eigenes Todesurteil unterzeichnet hätt'.«[85] Versüßt wird ihm die Unterschrift allerdings durch eine, wie Liesl Karlstadt selbst sagt, »märchenhafte Gage«. Sie freut sich mächtig auf Zürich, und tatsächlich wird schon die Anreise zum bleibenden Erlebnis: »Wie dann der Zug mit uns aus dem Hauptbahnhof durch die Hackerbrücke hinausgefahren ist, war der Karl Valentin beinah' lebensmüd': ›Ich versteh' di' net‹, hat er immer wieder zu mir g'sagt, ›wie kannst mir denn so was antun, wo ich doch's Bahnfahr'n so fürcht, muss i' jetzt bis in die Schweiz!‹«[86] Zu allem Unglück bricht bei der Überfahrt über den Bodensee auch noch ein heftiges Gewitter los. Alle Befürchtungen Valentins scheinen sich zu bewahrheiten. Voller Panik kniet der Komiker an Deck, so lange, bis Liesl Karlstadt ihn unter Aufbietung all ihrer Kräfte in den Rauchsalon bugsiert und losmarschiert, um ihm ein Beruhigungsbierchen zu holen: »Aber das Bierholen war nicht ganz einfach. Vom Buffet und von den Tischen sind Teller und Gläser nur so g'flogen, kracht und klirrt hat's, dass man kaum noch vom Sturm was g'hört hat. Aber ich hab' eine Flasche Bier schließlich doch erobert und war damit hoffnungsfroh auf dem Rückweg. Handtaschen, Bierflaschl und Glasl in den Händen, so hab' ich mich bis zum Rauchsalon schwankend durchg'schleusst, dabei bin ich mehr g'stolpert als gangen – (und wenn ich mich am Schluss zu lauter Fünfmarkstückerln dafall'n hätt', wär's kein Wunder g'wesen.) Wie ich endlich am Ziel bin, sitzt der Karl Valentin am Boden neben dem Klubsessel, totenblass, in letzter Verzweiflung und meint: ›Das Wetter is' ja nur komma, weil ich fahr'!‹ Zum Trost hab' ich ihm gleich das Bierflaschel in die Hand drücken woll'n, was aber gar nicht so einfach war, denn kaum war ich in seiner Näh', haut eine Well'n vorn den Schiffbug in die Höh' und mich hat's nach hinten an die Salonwand hindraht. Und wie der Valentin aufsteh'n will um mir zu helfen, da kommt die Gegenbewegung, dass man richtig hat sagen können: ›Jetzt ist's hint' höher wie vorn‹, – und schon sind wir alle zwei an die gegenüberliegende Salonwand g'saust. (…) Es war ganz unmöglich, das Bier ins Glas einzuschenken, alles ist daneben und auf den Boden g'laufen, und wir zwei sind hin-

und herg'flogen wie zwei B'soffene. Dem Valentin war sterbenselend und so oft sich's Schiff nach vorn geneigt hat, hat er g'jammert: ›Mei', oh mei, jetzt geh'n mir unter und ausgerechnet heut' am Christi Himmelfahrtstag‹.«[87]

Nach diesem Erlebnis erstaunt es, dass Valentin ein Jahr später erneut nach Zürich reist. Doch da herrscht in Deutschland schon die höchste Inflation und nach 14 Spieltagen kann man sich in München von der Gage gerade mal vier Semmeln leisten: »Jeder Artist war damals froh, wenn ihn ein Vertragsabschluss auf vier Wochen in die Schweiz verpflichtet hat, denn dort hast für die soliden stabilen Fränkli wenigstens eine richtige Brotzeit kriegt. (...) Auf Karl Valentin haben aber die Schweizer Franken gar keinen Eindruck g'macht und zwar aus dem Grund, weil man halt in die Schweiz nicht mit der Straßenbahn hat hinfahren können.«[88] Auch beim zweiten Mal ist für Valentin die Reise in die Schweiz eine Überwindung. Ein bisschen leichter tut er sich mit Wien, da muss er wenigstens nicht übers Wasser. Im März 1923 sowie zwischen dem 15. November und 15. Dezember 1923 treten sie dort im »Chat-Noir« auf. Hermann Leopoldi schickt seinen Chauffeur nach München, um die beiden zu holen. Ein Vergnügen scheint die Reise nicht gewesen zu sein, denn der Chauffeur sagt hinterher entnervt: »Herr Direktor, bevur i Ihna die Karlstadt und den Valentin no amoi auf Wean bring, da schleck i Iahna liaber des ganze Kabarett mit der Zungen aus!«[89]

Mit ihrer Kunst erobern die beiden nach und nach den gesamten deutschsprachigen Raum. Auch das kulturelle Mekka der 20er-Jahre, Berlin, liegt ihnen bald zu Füßen. Dabei sieht es zunächst ganz und gar nicht danach aus. Ihr erstes Gastspiel im Neuen Operettenhaus am Schiffsbauerdamm vom 15. September bis 30. Oktober 1924 ist kein Erfolg, wie die Presse schreibt: »Er [Karl Valentin] wollte ein ganzes Vorstadttheaterstück bringen und er machte aus einer Varieté-Nummer, bei der man sich 20 Minuten lang totgelacht hätte, einen Theaterabend, bei dem man sich zwei Stunden lang beinahe ärgerte. Das lag nicht am Komikertalent Valentins, sondern an seiner miserablen Regie. Solch Bierulk zwischen den Schmiermusikanten und dem Schmierenkapellmeister passt ins Tingeltangel, aber nicht ins großartige Theater. Der Mann gehört zwischen Seiltänzer und Elefanten.«[90]

Die Berliner brauchen eine Weile, ehe sie sich auf diesen speziellen bayerischen Humor einlassen. Doch dann wird daraus eine große wechselseitige Liebe, die zu vielen Gastspielen in der Hauptstadt führt. Einer, der sich von Anfang an begeistert zeigt, ist Kurt Tucholsky. Unter der Überschrift »Der Linksdenker« schreibt er über den Auftritt: »Er ist sanft und zerbrechlich, schillert in allen Farben wie eine Seifenblase; wenn er plötzlich zerplatzte, hätte sich niemand zu wundern (…) Ein großer Künstler!«[91] Liesl Karlstadt erwähnt er mit keinem Wort.

Vier Jahre später treten sie erneut in Berlin auf. Zum Jahresbeginn 1928 spielen sie sechs Wochen lang an der führenden deutschen Kleinkunstbühne, dem »Kabarett der Komiker« am Kurfürstendamm. Ihre Auftritte sind ein solcher Erfolg, dass der ursprüngliche Vertrag verlängert wird. Sie erhalten die spektakuläre Gage von 350 Reichsmark für zwei Vorstellungen täglich. Liesl Karlstadt fühlt sich pudelwohl in der großen Stadt, geht schick einkaufen und sorgt durch eine Diät für eine optische Runderneuerung. Dass es ihr hier so gut gefällt, liegt vermutlich auch daran, dass man sie endlich auch als Künstlerin wahrnimmt: »Sie ist nicht nur dem Valentin die beste Ergänzung, die man sich denken kann, instinktiv auf ihn eingestellt, prompte Stichwortbringerin, den Improvisationen gewachsen, überhaupt die verständnisvolle, gleichgesinnte, kongeniale Mitarbeiterin, sie ist auch ein großes selbstständiges Schauspielertalent, eine bedeutende Künstlerin, der das Schwierige gelingt, in Hosenrollen durchaus glaubhaft zu sein.«[92]

Vor allem das »Theater in der Vorstadt« wird in Berlin zum Publikumsmagneten. Die Berliner lieben dieses Stück so sehr, dass sie 1928 die Absetzung des »Firmlings« erzwingen und dessen Ersetzung durch »Theater in der Vorstadt«. Berlin ist völlig aus dem Häuschen über das neue Gastspiel der beiden: »Karl Valentin und Liesl Karlstadt endlich wieder in Berlin. Das Kabarett der Komiker hat sie von München nach Berlin bugsiert. Hurra, es ist geschafft. Das geistige Berlin bereitete dem Duo einen sensationellen Empfang.«[93] Zum Jahresbeginn 1929 kommen sie wieder, ebenso Weihnachten und Silvester 1930 sowie 1935 und 1936.

Man kann sich lebhaft vorstellen, dass auch die Reisen nach Berlin angesichts der Neurosen und Phobien Valentins eine ungeheure Leistung darstellen und Liesl Karlstadts ganze Geduld erfordern. Valentin träumt von Eisenbahnunglücken, einstürzenden Gebäuden und unheilbaren Krankheiten. Vergnüglich ist das keineswegs, wie eine Widmung Liesl Karlstadts an Valentin auf einem Foto deutlich macht: »Meinem komischen Partner & Patienten Karl Valentin in nie versagender Geduld gewidmet von Liesl Karlstadt. Beruf: Nervenärztin, Nebenbeschäftigung: Komikerin.«[94]

Ihre Hauptwirkungsstätte bleibt angesichts der Schwierigkeiten, die eine Tournee mit sich bringt, deshalb auch in den 20er-Jahren die bayerische Landeshauptstadt. 1922 erhalten die beiden eine Einladung an die Münchener Kammerspiele. Bertolt Brecht holt sie für seine legendären Nachtvorstellungen an die renommierte Münchener Bühne. Die anfängliche Skepsis der beiden Komiker, ob ihre Stücke vom dortigen Publikum angenommen werden, löst sich rasch in Wohlgefallen auf. Die Zuschauer sind begeistert. Liesl Karlstadt und Karl Valentin agieren hier neben Bertolt Brecht und Joachim Ringelnatz und erobern sich einen ganz neuen Wirkungskreis. Am 30. September 1922 hat die Produktion mit Namen »Die rote Zibebe. Improvisationen in zwei Bildern von Bert Brecht und Karl Valentin« Premiere. Karlstadt und Valentin geben dort ihren Einakter »Weihnachtsabend« (Das Christbaumbrettl). Brecht schreibt über diese Nummer in einem Sonderheft für das Kammerspiel-Programm und vergisst dabei wie viele vor ihm, Liesl Karlstadt zu erwähnen, während er Valentin auf eine Stufe mit Charlie Chaplin stellt und ihn eine der »eindringlichsten, geistigen Figuren der Zeit«[95] nennt.

Am 1. April 1924 werden in den Kammerspielen »Die Raubritter vor München« mit dem berühmten »Ententraum« uraufgeführt. Liesl Karlstadt erinnert sich gut an die Proben: »K. Valentin war der Wachposten u. ich der Trommlerbub, der den

Ein Star der 20er-Jahre

eingeschlafenen Posten wecken muss, wegen der herannahenden Raubritter – u. als sich K. Valentin vor Angst nicht über die Stadtmauer schaun traute – hab ich gsagt zu ihm: Jetzt traut er sich nicht, der Schisser – da hatten wir Bedenken, ob man dieses Wort in den feinen Kammerspielen sagen dürfte. Worauf Herr Falckenberg antwortete: Aus ihrem Munde klingt sogar *dieses* Wort wie ein Hosiana.«[96] Das Publikum der Kammerspiele feiert die Premiere enthusiastisch. Dies ist der endgültige Durchbruch der beiden. Sie sind nun zwei der angesehensten deutschen Komiker und Liesl Karlstadt erfährt endlich die verdiente Wertschätzung: »Liesl Karlstadt gehört eigentlich fast schon so lange, wie man einen Komiker Karl Valentin kennt, zu Valentin. Die beiden sind nicht nur unzertrennlich, sondern sie gehören so sehr zusammen, dass eines ohne das andere heute nicht mehr denkbar ist. Und doch ist die Liesl so gut eine Eigene, wie Valentin der Einzigartige ist.«[97]

Sie steigen die Karriereleiter immer weiter nach oben. Am Deutschen Theater spielen sie in den damals so beliebten großen Revuen, eine Uraufführung jagt die nächste, eine Bühne nach der anderen wird erobert. Karlstadt und Valentin sind zwei Superstars, was sich bei Liesl Karlstadt jetzt auch in der Erscheinung bemerkbar macht. Aus der kleinen unscheinbaren Kurzwarenverkäuferin wird endgültig eine selbstbewusste moderne Frau. Das Programmheft des Deutschen Theaters vom April 1925 zeigt eine todschicke Liesl Karlstadt im Halbprofil mit modischem Bubikopf und flatterndem Schal. Ganz das Bild der neuen Frau, die sich in jenen Jahren anschickt, die deutsche Öffentlichkeit zu erobern.

»Die Neue Frau«

Zum Schreckgespenst einer patriarchalen Gesellschaft wurde in den 20er-Jahren eine Gruppe junger, gebildeter Frauen, denen die »wilden« 20er die Möglichkeit einer neuen Lebensplanung jenseits überkommener Moralvorstellungen und Traditionen boten. Mit Bubikopf, langen weiten Hosen, knielange Röcken und Zigarette konnte man die »Neue Frau« vor allem in Großstädten wie Berlin erleben. Diese Frauen zeigten ein ganz neues Selbstbewusstsein, waren geistig und finanziell unabhängig, und die neu entwickelten Verhütungsmethoden ermöglichten ihnen auch ein sexuell selbstbestimmtes Leben. Sie brachen mit bisher gültigen Normen und suchten ihre Erfüllung im Beruf und oder in einer gleichberechtigten Partnerschaft. Die Neue Frau der »Goldenen Zwanziger« wurde eine Modeerscheinung, der besonders weibliche Angestellte nachzueifern suchten. Vicki Baums Roman *Stud. chem. Helene Willfüer* über das Lebensgefühl dieser jungen Frauen wurde zum Bestseller und verkaufte sich bis 1931 über 100 000 Mal. Die Neue Frau hatte allerdings mehr kulturellen als politischen Einfluss und trug vor allem zu einem neuen Selbstverständnis der Frauen in der Weimarer Republik bei.

»Frau G.: Eine Dirne waren Sie auch schon?
Karlstadt: Auf der Bühne.
Herr G.: Hahaha!«
(aus: »Sie weiß was«, 1935)

4 Bühnenehefrau und Geliebte *oder* warum Liebe manchmal weh tut …

EINE VERHÄNGNISVOLLE AFFÄRE

Während ihr das Publikum zu Füßen liegt, gerät ihr Privatleben immer mehr aus den Fugen. Die so bodenständig wirkende Münchenerin hat ihr Leben längst nicht so im Griff, wie es nach außen hin scheint. Ihre Situation als Geliebte Karl Valentins ist mehr als unbefriedigend. Es ist eine große, dreißig Jahre währende Liebe, die sie nicht leben darf.

Schon früh gibt es Gerüchte über ein intimes Verhältnis der beiden Künstler, doch so lange beide am Leben sind, bleibt es eine Vermutung. Dass sie seit 1911 die Geliebte des verheirateten Valentin ist, würde in einer Zeit strenger Moralvorstellungen Liesl Karlstadts Ruf zu sehr schaden. Zwar gibt es gerade in den 20er-Jahren vermehrt auch Künstlerinnen, die sich in dieser Hinsicht emanzipieren, doch für eine Komödiantin wie Liesl Karlstadt ist dies keine Option. Sie ist kein Glamourstar, keine schillernde Carola Neher, keine verruchte Anita Berber. Trotz ihrer Travestiekünste bleibt sie die Frau von Nebenan, die waschechte Münchenerin, bodenständig und solide. Offene Fragen nach ihrem Privatleben stellt niemand. Würden Valentin, der zweifache Vater, und Karlstadt ihr Verhältnis publik machen, gäbe es einen Skandal mit unabsehbaren Folgen für ihre Bühnenkarriere. Ihr Publikum, das ist vor allem der brave Bürger, der sich mit Ehebrechern offiziell zumindest schwer tut. Und so schweigt man gemeinsam. Dabei bleibt offen, wem von beiden mehr an dieser Geheimhaltung liegt. Weder Valentin, der brave Familienvater, noch Liesl Karlstadt, die personifizierte Verkörperung der »patenten Münchenerin«, haben sich jemals dazu in der Öffentlichkeit geäußert. Allerdings lässt Karl Valentin Annoncen in die Zeitung setzen, in denen er erklärt, dass Liesl Karlstadt nicht seine Frau sei.[98]

Wann genau die beiden sich kennenlernten, lässt sich nicht mehr exakt terminieren. Monika Dimpfl folgert in ihrer Valentin-Biografie auf der Basis verschiedener Indizien, dass es unmittelbar vor der Hochzeit Karl Valentins mit Gisela Royes im Juli 1911 gewesen sein muss. Ein erstes Treffen, das rasch in eine intime Beziehung mündet. Darauf weist nicht zuletzt ein Brief Valentins an Liesl Karlstadt hin: »Gedenkst Du noch der schönen Maientage? O wie glücklich waren wir 1911«.[99] Ein Assistent des Theaters im Frankfurter Hof erinnert sich, dass er in dieser Zeit mehrmals Briefe Valentins in die Garderobe Liesl Karlstadts im nahe gelegenen Restaurant Marsfeld gebracht habe, wo diese mit ihrer Schauspieltruppe gastierte.[100]

Es wird Liesl Karlstadt nicht leicht gefallen sein, sich auf einen Mann einzulassen, der kurz darauf eine andere Frau heiraten würde. So hat sie sich ihr Leben nicht vorgestellt. Sie kommt aus kleinbürgerlichen Verhältnissen, ist sehr religiös und die Rolle der »Ehebrecherin« liegt ihr nicht. Gerne hätte sie geordnete Verhältnisse, doch das ist mit einem Karl Valentin nicht zu machen. In der Öffentlichkeit nennt Karl Valentin die Frau, mit der er schläft, niemals anders als »das Fräulein Karlstadt«. Offiziell sind sie nichts weiter als Kollegen. Erst nach dem Tod der beiden Künstler werden sich vereinzelt Freunde und Verwandte zu Wort melden. Der letzte Zweifel wird aber erst ausgeräumt, als 1991 in der Valentin Werkausgabe auch intime Briefe des Komikers an seine langjährige Geliebte veröffentlicht werden:

> *Dies hier ist eine Flasche Seckt*
> *Die Dir hoffentlich auch schmeckt*
> *Und an einem Tag zu ›Zweit‹*
> *leern wir sie voll Geiligkeit.*
>
> © 2007 Piper Verlag GmbH, München, aus: Sämtliche Werke, Bd. 6, S. 25

Für Liesl Karlstadt ist das Verhältnis mit Valentin ein Wechselbad der Gefühle. Auf der einen Seite das distanzierte »Fräulein

Karlstadt«, auf der anderen Seite nicht misszuverstehende Anspielungen. Anfangs fühlt sie sich durch das Interesse des großen Valentin geehrt, genießt seine Aufmerksamkeiten. Doch das Leben als Geliebte ist kein Spaß, das erkennt sie bald. Sie ist nicht die auf Rosen gebettete, mit Geschenken überhäufte Zweitfrau, die Frau, die den gut gelaunten Liebhaber empfängt, während die Ehefrau sich um Alltagssorgen und die schmutzige Wäsche kümmert. Nein, ganz im Gegenteil. Liesl Karlstadt hat zwar keinerlei Rechte und Ansprüche, dafür aber umso mehr Pflichten und Aufgaben. Sie ist die Bühnen-Ehefrau, mit allen Nachteilen einer Ehefrau, allerdings ohne die Vorteile der Absicherung.

Valentin lebt mit Frau und Kindern, sie mit ihrer Schwester. An den Feiertagen, die Karl Valentin mit seiner Familie verbringt, sitzt sie mit Amalie zu Haus. In diesen Momenten wird ihr ihre Situation deutlich vor Augen geführt. Was mag an solch einsamen Tagen in ihr vorgegangen sein? Einmal verbringen die beiden gemeinsam Weihnachten in Berlin, als sie dort engagiert sind. Ein kleiner Ausflug in eine bürgerliche Normalität, die es für Liesl Karlstadt niemals geben wird. Wie schwer ist es doch, einen Mann zu lieben, der nie greifbar ist, wenn man ihn braucht.

Zweifellos liebt Karl Valentin Liesl Karlstadt sehr. Seine zärtlichen Briefe sprechen eine deutliche Sprache. Als sie einmal Urlaub am Gardasee macht, schreibt er ihr fast täglich voller Sehnsucht und beschwert sich bitter über ihre spärlichen Antwortbriefe: »Habe von dir erst eine Nachricht – 2 Karten bekommen. Schreibe bitte *fleissiger*.«[101] Als sie nach einigen Wochen ihre Rückkehr ankündigt, gerät er schier aus dem Häuschen:

> *Liebe billige Wellanolieslkarlstadtly!*
> *Es freut mich zwergisch, dass Du am Donnerstag den 5 Mai wieder da bist. Karlsthor-Isarthor-Sendlingerthor. Siegesthor, Salvator alles ist schon dekoriert. (...) Sämtlichen Leberkäs und Weißwürste habe ich schon vernichten lassen. In Deiner Wohnung befinden sich bereits 3000 Zentner Spagetti und Polenta.*

© 2007 Piper Verlag GmbH, München, aus: Sämtliche Werke, Bd. 6, S. 53f.

Liesl Karlstadt und Karl Valentin in Maria Einsiedel. Aus dem privaten Fotoalbum Liesl Karlstadts, 1912

Karl Valentins Liebe ist groß, aber sie ist auch besitzergreifend. Unzweifelhaft betrachtet er Liesl Karlstadt, die er entdeckt hat, als sein Eigentum. Sein Anspruch an sie ist absolut. So wie er versucht, die Künstlerin nach seinen Maßstäben zu formen, macht er es auch mit der Frau. Liesl Karlstadt erinnert sich: »Dem Valentin war keine Frau dick genug. Er hat sie immer danach eingeschätzt, wieviel sie gewogen haben. Mich selbst hat er dauernd gmahnt, dass ich essen soll, bis ich so rund werd wie a Kugel. Wenn's nach ihm gangen wär, hätt ich mich jeden Tag mit Knödeln, Schokolad und Mehlspeisen vollstopfen müssen: ›Du musst so viel essen, bist du zwei Zentner wiegst!‹ hat er allweil gsagt. ›Die Schönheit einer Frau geht erst bei zwei Zentner an! Dürr bin ich selbst!‹ Wenn i am Steuer von mein Wagen gsessen bin und er hat auf der Straße eine üppige Frau endeckt, war er ganz aufgregt und hat gschrian: ›Bremsen! Bremsen! Langsam fahr! Schau dir dort die Dicke an! Dees is a Weib!‹«[102] Keine Frau lässt sich gerne für den Fetisch eines Mannes verändern, auch nicht Liesl Karlstadt, die seine Schwärmerei für andere Frauen als höchst geschmacklos empfindet.

Valentins Umgangston ihr gegenüber in der Öffentlichkeit ist nicht der feinste. Der große Regisseur Max Ophüls, mit dem die beiden 1932 den Film »Die verkaufte Braut« drehen, erinnert sich in seinen Memoiren an einen äußerst ruppigen Karl Valentin: »Das Fräulein hat er sehr geliebt, aber er war immer grob zu ihr und hat kaum mit ihr gesprochen.«[103] Will er sein Doppelleben verschleiern oder mangelt es ihm schlichtweg an Respekt ihr gegenüber? Dadurch, dass sie sich klein macht, weil sie glaubt, die Liebe verlange es, tappt sie in dieselbe Falle wie unzählige andere begabte Frauen, die sich im Namen der Liebe einem Mann unterordnen. Bis ans Ende ihres Lebens ist sie voll des Lobes über ihren Partner: »Er war ein grundgütiger Mensch.«[104] Niemals hört man sie in der Öffentlichkeit klagen. Sie ist die perfekte Geliebte, die Diskretion in Person, duldsam bis zum Exzess.

Die Verquickung von Beruf und Privatleben wird für beide zu einer Belastungsprobe, die sie zwar kaum aushalten, aber auch nicht lösen können. Liesl Karlstadt ist Karl Valentins

Seelenzwilling, dessen sind sich beide bewusst. Doch ein so komplizierter Mann wie Karl Valentin kann eine derart unbedingte geistige und körperliche Nähe nur mit einer gewissen Distanz ertragen. Alfons Schweiggert hat darauf hingewiesen, dass Valentin als Kind mit dem Tod mehrerer Geschwister konfrontiert war und sich möglicherweise viele seiner Neurosen daraus ableiten lassen. Wohl auch die Angst vor zu viel Nähe, immer verbunden mit dem erneuten Verlust eines geliebten Menschen. Die innige Verbindung, die zwischen ihm und Liesl Karlstadt besteht, überfordert ihn, das wird deutlich, betrachtet man die Rollen, in denen er sie auf der Bühne am liebsten sieht: Männerrollen und unattraktive Frauen, niemals Liesl Karlstadt so, wie sie ist. Er begegnet seiner Partnerin stets mit passiver Aggressivität. Obwohl er mit niemand anderem zusammenarbeiten will, muss er offensichtlich eine gewisse Distanz zu ihr als Frau herstellen. Auch seine Familie bietet ihm den unbedingt nötigen Abstand von der Frau, die ihm in jeder Hinsicht entspricht. Er kann mit seinem Gefühl für sie nicht umgehen, flüchtet sich in Grobheiten, an die sich Kollegen gut erinnern: »Er hat öfter Streit gehabt mit der Liesl Karlstadt, und die Karlstadt hat in ihrer Tasche das viele Geld, das sie verdient haben, aufbewahrt. Die (...) gingen grad am Kanal und in dem Streit sagt die Karlstadt: ›Ich stürz mich in die Spree!‹ Und da sagt er: ›Her mit der Tasche!‹«[105] Als ob das Geld wichtiger sei als sie.

Seine Grobheiten steigern sich bis ins Sadistische. Die Rollen, die er ihr zumutet, sind ihrer privaten Situation oftmals so ähnlich, dass man sich als Zuschauer fragt, wie sie das erträgt. Im ersten Stummfilm Valentins spielt sie ein Dienstmädchen, das mit dem Bräutigam flirtet, der letztlich eine andere Frau heiratet. 1935 ist sie im Einakter »Sie weiss was« erneut in Dienstmädchenkleidung zu sehen. In diesem Stück tritt sie zunächst als Liesl Karlstadt auf, um bei einem Streich in Verkleidung des Dienstmädchens Paula dem von Valentin verkörperten Baron von Pfliefentranz so den Kopf zu verdrehen, dass dieser ihr einen Heiratsantrag macht. Sie lehnt ab mit den Worten: »Weil ich kein Dienstmädchen bin – (...) Ich bin die Schauspielerin Liesl Karlstadt.«[106] Sie übernimmt diese Rolle während einer ihrer schlimmsten Nervenkrisen, in der sich die Schauspielerin Liesl Karlstadt längst verloren hat. Monika Dimpfl hat im Zusammenhang mit diesem Einakter, der von den Herausgebern der Valentin-Gesamtausgabe »zum einen als Hommage an die schauspielerischen Fähigkeiten, insbesondere die Verwandlungskunst Liesl Karlstadts (...), zum anderen als Versöhnungsangebot«[107] verstanden wird, bemerkt, dass Karl Valentin in einer Szene die auf dem Tisch stehende Giraffen-Schokoladentorte zerstört – Liesl Karlstadts Lieblingstorte, die sie sich als armes Kind so sehr gewünscht hat. Eine Szene mit Symbolcharakter: Der Mann, von dem sie sich die Erfüllung ihrer Träume erhofft, zerstört diese Träume mit einem Handstreich.[108] Die Proben zum Stück enden mit dem nervlichen Zusammenbruch Liesl Karlstadts. Noch während sie zur Behandlung in der Klink ist, lässt Valentin sie in seinem neuesten Film eine Nervenärztin spielen – und er gibt den Patienten!

Dabei zeigen seine Liebesbriefe deutlich, wie sehr er sie liebt – Zeit seines Lebens. Noch kurz vor seinem Tod schreibt er ihr:

Wer da je geliebt hat, wie ich dich
der trägt solche Liebe, innerlich
Als Geheimnis seiner tiefsten Seele
dass Sie ihm an keinem Orte fehle.

© 2007 Piper Verlag GmbH, München, aus: Sämtliche Werke, Bd. 6, S. 46

Auch anhand der Briefe, die er ihr in ihrer schweren Nervenkrise ins Krankenhaus schreibt, kann man erkennen, was sie ihm bedeutet: »Liebe liebe Li Li Li! Du hast gestern Abend gesagt, ich habe ja gar niemanden mehr auf der Welt der mich mag, ich bin ganz verlassen. Ja, das konntest Du ja aber nur in Deinem jetzigen Zustand sagen, denn Dich hat ja alles lieb, jeder fremde Mensch sogar wenn er Dich nur 1 Stunde kennt, ist schon ganz verliebt in Dich, ob Mann oder Frau. (...) Und erst ich! Meinst Du, dass ich von Deiner Seite gehe auch wenn Du jetzt in die Pension ziehst? Ich setz mich neben *Dich so wie Du es haben willst*, ich lese oder schreibe, aber ich bin bei Dir. *Du bist nicht verlassen, ich verlasse Dich nie!* Solange ich lebe!«[109]

Es würde ihr sicher gut tun, wenn er seine Gefühle für sie immer so deutlich bekennen würde wie an jenem Nachmittag, als Max Ophüls Liesl Karlstadt und Karl Valentin vorab den abgedrehten Film »Die verkaufte Braut« vorführt. Liesl Karlstadt war während der Dreharbeiten erkrankt und Ophüls hatte sie für die letzte Einstellung durch ein Double ersetzen müssen: »Als es hell wurde, saß Karl Valentin da, und die Tränen liefen ihm übers Gesicht. ›Wie hat's Ihnen gefallen?‹ fragte ich. ›Traurig!‹ sagte er. ›Sehr traurig! Von dem einen Bild an, wo jemand Fremdes das Fräulein war, wie mir da vor dem Karren über die Landstraß gehn, hab i weinen müssen. I hab die ganze Zeit dran gedacht, wie das Fräulein so krank war.‹«[110] Doch sogar in diesem seltenen Moment der großen Gefühle, wenn sie unmittelbar neben ihm sitzt, bleibt sie für ihn »Das Fräulein«.

DIE EHEFRAU

Die Dritte in dieser Beziehung ist Valentins Ehefrau Gisela Fey. Auch für sie ist das Verhältnis der beiden kein Geheimnis. Dass sie Liesl Karlstadt nicht mag und ihr nach Möglichkeit aus dem Weg geht, ist durchaus nachvollziehbar. So weigert sie sich strikt, für die Rivalin Bühnenkostüme zu nähen. Valentins Tochter Gisela berichtet in ihren Erinnerungen, dass es darüber einen heftigen Streit zwischen ihren Eltern gab, in dessen Verlauf Valentin seiner Frau ins Gesicht schlug.[111] Nach einem völlig missglückten Versuch gibt Gisela Fey es auf, ihren Mann ins Theater oder auf seinen Tourneen zu begleiten. Valentin ist dies recht. Um Diskussionen zu vermeiden, trennt er Ehefrau und Bühnenehefrau streng voneinander. Dennoch kommt es mehrmals zum Streit zwischen den beiden Frauen, einmal sogar zu einer handfesten Auseinandersetzung. Als Gisela Fey das Paar einmal Arm in Arm am Sendlinger Tor erwischt, geht sie mit dem Regenschirm auf Liesl Karlstadt los, während Karl Valentin einfach verschwindet. Zu diesem Zeitpunkt haben Karlstadt und Valentin gerade gemeinsam die Leitung des Kabaretts Wien-München übernommen und zeigen damit auch nach außen hin ihre Verbindung. Dies ist Gisela Fey dann doch zu viel. Sie verlässt für ein knappes Jahr die gemeinsame Wohnung. Lieber arbeitet sie wieder als Köchin, bevor sie sich weiter von ihrem untreuen Mann quälen lässt. Doch genau wie bei Liesl Karlstadt sind diese Ausbruchsversuche nicht von Erfolg gekrönt. Letztlich kehrt auch sie zurück zu ihrem Mann, arrangiert sich irgendwie mit der Situation und nimmt es hin,

Liesl Karlstadt und Karl Valentin, Mitte der 30er-Jahre

dass die meisten Menschen glauben, Liesl Karlstadt sei Frau Valentin: »Die meisten Leut' haben immer gemeint, die Liesl Karlstadt wär' seine Frau! Aber wenn ich gemeint hab, zurücktreten zu sollen, dann hat er mir immer wieder versichert: ›Ohne dich kann ich nicht leben!‹«[112] Wie unglücklich wird sie jedes Mal gewesen sein, wenn er zu Liesl Karlstadt ins Theater geht, wenn er mit Liesl zur Tournee aufbricht oder sie ein Bild der beiden in der Zeitung sieht. Valentins Töchter zeichnen später das Bild einer unglücklichen Ehe, mit Eltern, die sich heftige Szenen liefern, bei denen Gisela Fey ihren untreuen Mann vergeblich an sein Treueversprechen erinnert. Valentin-Biograf Michael Schulte nennt Gisela Fey in seinem Buch »ein Wunder an Langmut (...), denn mit einem derart schwierigen und eigenwilligen Egozentriker (...) vierzig Jahre unter einem Dach zu leben, war mit Sicherheit keine einfache Bürde.«[113] Eine Scheidung kommt für die gläubige Katholikin jedoch nicht in Frage.

Für Valentin ist das Arrangement sehr bequem, denn beide Frauen umsorgen ihn vorbildlich. Beide stellen ihr eigenes Wohl, ihre eigenen Wünsche hinten an. Tochter Gisela meint dazu: »Dass er mit dem Fräulein Karlstadt besser harmonisiert hat, das ist ja ganz klar. Aber meine Mutter hat er halt gebraucht, die war eine gute Hausfrau.«[114]

Nur Ärger sollten die beiden nicht machen. Das verträgt der große Künstler nicht. »Ich bin ein Mensch, der allen Liebesklamauk, wie Eifersucht, bocken, Liebesschwüren u.s.w. ... nicht verträgt, weder bei der Frau noch bei der Freundin. Ich bin als Vorstadtpflanze aufgewachsen und als Gentlemen den Frauen gegenüber in der hintersten Reihe gestanden. Ich habe auch nie Bildung mit dem Löffel gegessen, nur mit der Messerspitze. Ich bin kein direkter Rüpel, aber die Brennessel unter den Liebesblumen.«[115] Frauen, die ihm Paroli bieten, kann Valentin auf den Tod nicht ausstehen. Legendär sind seine Auseinandersetzungen mit der großen Schauspielerin Adele Sandrock bei den Dreharbeiten zu »Kirschen in Nachbars Garten«. Adele Sandrock, vielen vor allem als skurrile Alte im Gedächtnis, war einer der größten Bühnenstars ihrer Zeit und sorgte mit ihrem turbulenten Privatleben, zu dem neben Roda Roda auch Arthur Schnitzler gehörte, für handfeste Skandale. Eine solche Frau lässt sich von einem Karl Valentin nicht beeindrucken. Die beiden Künstler beschimpfen sich gegenseitig aufs übelste, und als Valentin Adele Sandrock wenig charmant als »Oide Hyazinthen« und »Oide Mistamsel« tituliert, heißt sie ihn kurzerhand einen »Trottel«. Auch wenn sie nach einem seiner Späße, bei denen er der schlafenden Schauspielerin eine tote Maus aufs Kleid legt, einen ganzen Tag lang arbeitsunfähig ist, den Schneid lässt sich eine Adele Sandrock von einem Karl Valentin gewiss nicht abkaufen.[116]

KARL VALENTIN UND DIE FRAUEN

Während Karl Valentin es mit der Treue nicht genau nimmt, verlangt er sowohl von Gisela Fey als auch von Liesl Karlstadt Ausschließlichkeit in der Beziehung. Wie ernst es ihm damit ist, bekommt die Geliebte mehr als einmal zu spüren. Eifersüchtig verfolgt er jeden Mann, mit dem sie sich trifft. Selbst rein freundschaftliche Kontakte zu Männern untersagt er ihr. Widersetzt sie sich diesem Verbot, reagiert er mit wütenden Schimpftiraden. Das bekommt auch das neue Ensemblemitglied Joseph Rankl zu spüren, das 1926 zur Truppe stößt. Rankl wird Valentins rechte Hand und entlastet Liesl Karlstadt in vielem. Kein Wunder, dass sie ein sehr gutes Verhältnis zu ihm hat. Wie wenig dies Valentin gefällt, erlebt Rankl bei einer Abendveranstaltung im Apollotheater. Es ist Fasching, und da Valentin nicht gerne tanzt, fordert Liesl Karlstadt kurzerhand Joseph Rankl auf. Es ist ein vergnüglicher Abend und vor lauter Übermut gibt sie ihm auf der Tanzfläche einen flüchtigen Kuss. Valentin, der die Szene vom Rand des Parketts beobachtet, schickt umgehend ein Ensemblemitglied, um Rankl als Tanzpartner abzulösen. Dieser berichtet später: »Es ist noch so weit gekommen, dass sie nicht einmal mit mir hat reden dürfen. Wenn sie mir was sagen wollte, hat sie mir heimlich einen Zettel auf den Garderobentisch gelegt.«[117] Später hebt Valentin das Sprechverbot wieder auf, obwohl er den beiden noch immer nicht über den Weg traut. Als Liesl Karlstadt bei einem Aufenthalt in Berlin mit Rankl spazieren geht, lässt er die beiden von einem Detektiv überwachen.

Erstaunlich, wie lange sie sich mit der Rolle der Geliebten zufrieden gibt. Erst 1927 versucht sie ein eigenes Leben zu begründen. Sie ist 35 Jahre alt und hat die Rolle der heimlichen Geliebten satt. Sie verlobt sich mit dem Chauffeur Josef Kolb. Valentin dreht vor Eifersucht schier durch. Er droht, Kolb auf dem Standesamt zu erschießen und ihr Scheuklappen anzulegen, damit sie nie wieder einen anderen Mann ansehen kann. Obwohl er ihr das Leben, das sie möchte, nicht bieten kann, verweigert er ihr die Chance, ohne ihn glücklich zu werden. 1949 erscheint in der *Sonntagspost* folgende Bemerkung zu einem Interview mit Liesl Karlstadt: »Liesl Karlstadt war nie verheiratet, und als wir sie fragen, ob Karl Valentin in ihrem Leben einmal mehr war als ihr Partner, antwortet sie, dass sie zu Valentin gehörte und dass er eine Heirat nie zugelassen hätte (…) So blieb sie denn alleine.«[118]

Dass ihr privates Chaos Liesl Karlstadts Selbstwertgefühl als Frau nicht eben steigert, ist nachvollziehbar. Die Bühne und das Spiel mit den Geschlechtern wird nun mehr und mehr zur Flucht. Hier kann sie ihre verletzte Seele verbergen. Hier darf sie gegen Valentin poltern und schimpfen. Für die sensible junge Frau wird das Bühnenspiel, in das sie so viel vom täglichen Leben mit hinein nimmt, in dem Realität und weibliche Identität verschwimmen, aller Spielfreude zum Trotz ein immer größeres Problem. Auf der Bühne ist sie ein ganzer Kerl: säuft, flucht und rauft. In der Realität sucht sie seit 1928 den Individualpsychologen Dr. Leonhard Seif auf und lässt sich dort wegen einer schweren Depression, einhergehend mit Arbeitsunfähigkeit, Angstzuständen und Selbstmordgedanken behandeln. Akuter Auslöser dafür ist, wie Seif später offenbart, die Tatsache, dass Karl Valentin zu jener Zeit eine Affäre mit einer unbekannten Frau beginnt.[119] Wie groß muss ihr Entsetzen gewesen sein, als ihr klar wird, dass sie nicht nur in Konkurrenz zu Valentins Ehefrau Gisela, sondern auch zu diversen anderen Damen steht. Denn Valentin ist einem Flirt nie abgeneigt. Der dürre Komiker hat Erfolg bei der Damenwelt und seine Bekanntschaft mit Frauen geht mehr als einmal über ein platonisches Verhältnis hinaus. Bei seinen Gastspielen sieht man ihn mit unbekannt gebliebenen Begleiterinnen. Von einer trägt er gar ein Foto in der Brieftasche. An die Schauspielerin Lotte Lang schreibt er im Januar 1933: »Ich liebe Sie noch immer wie Immer.«[120] Und für den Ehemann seiner Sekretärin Eva Friedrich verfasst er gar ein Gelöbnis, dass ihr nichts passieren wird: »Ja, Kavalier, das will ich sein! Es wär' so schön mit so' ner jungen Frau, doch nein! Oh nein! Ich will ein Ritter sein!«[121] Dennoch soll Valentin laut Monika Dimpfl auch mit ihr eine vorübergehende Affäre gehabt haben.[122]

Da Liesl Karlstadt bei den Gastspielen dabei ist, bleiben ihr die diversen Eskapaden nicht verborgen. Die Erkenntnis, dass sie ihm nicht genügt, trifft sie schwer. Sie, der ganz München zu Füßen liegt, kann ihn nicht halten. Es muss zu heftigen Eifersuchtsszenen gekommen sein, denen Valentin manchmal schon in seinen Briefen entgegenwirken will: »Nun gehe ich von einem Kino in den anderen, immer mit Rankl oder H. Curt oder H. Radewitz, *nie* mit Frauen, um nicht wieder in Verdacht zu kommen.«[123] Was er auf die leichte Schulter nimmt, ist für sie eine Katastrophe. Bemerkenswerterweise nimmt Karl Valentin bis heute niemand seine Eskapaden übel, ist er doch ein Mann und ein Künstler. Alfons Schweiggert schildert in seinem Buch »Karl Valentin und die Frauen«, wie Valentin einmal von der Mutter der Münchener Karikaturistin Franziska Bilek gefragt wurde, wie viele Frauen er denn schon unglücklich gemacht habe. Daraufhin habe der Komiker die Augen verdreht und geantwortet: »Ja, so dreitausendmal werd's scho g'wesn sei ...«[124] Ihn deshalb ganz nach bayerischer Manier als »ein bisserl ein Bazi« zu bezeichnen[125], ist angesichts des weiteren Schicksals Liesl Karlstadts nicht angemessen.

DIE JUNGE GELIEBTE

Anfang der 30er-Jahre kann Liesl Karlstadt nicht mehr über Valentins Eskapaden hinwegsehen. Als ob sein Privatleben noch nicht turbulent genug ist, bändelt der Komiker mit der erst 14-jährigen Schülerin Anne-Marie Fischer an. Er lernt das Mädchen 1931 während einer Aufführung kennen. Sie ist ein großer Fan, besucht, so oft sie kann, seine Vorstellungen. Nach eigenen Angaben verliebt sie sich vom ersten Moment an in den Künstler. Als dieser schließlich auf sie aufmerksam wird, soll er so fasziniert von dem jungen Mädchen gewesen sein, dass er auf der Bühne seinen Text vergaß. In ihren Erinnerungen schreibt Anne-Marie Fischer später: »Mich hat es nie gewundert, dass Karl Valentin und ich zwei Menschen gewesen sind, die auf den ersten Blick gewusst haben: Wir sind für einander bestimmt.«[126] Wie tief gekränkt wäre Liesl Karlstadt wohl gewesen, hätte sie Fischers späte Erinnerungen noch lesen können.

Dieser erste Blickkontakt markiert den Beginn einer neun Jahre dauernden Beziehung. Liesl Karlstadt reagiert empört und eifersüchtig auf diese Liaison. Es kommt zu heftigen Szenen zwischen den beiden. Wie soll die Geliebte reagieren, wenn sie plötzlich mit einer zweiten, noch dazu weitaus jüngeren Geliebten konfrontiert wird? Wenn nun plötzlich sie die Betrogene ist? Wenn ihr ohnehin nicht genau definierbarer Status noch weiter ins Wanken gerät? Was bleibt für sie übrig, jetzt da Valentin Anne-Marie Fischer immer mehr in sein

Leben lässt? Es zeigt sich bald, dass Valentin keine Skrupel hat, Liesl Karlstadt durch das junge Mädchen zu ersetzen. Diese stört sich nicht an Valentins Eifersucht, sondern schildert voller Stolz, wie Valentin ihre Handtasche kontrolliert.

Anne-Marie Fischer wird Liesl Karlstadts ärgste Konkurrentin, sowohl privat als auch beruflich. Nachdem Liesl Karlstadt in den 30er-Jahren krankheitsbedingt immer öfter ausfällt, macht Valentin Anne-Marie Fischer 1939 zu seiner neuen Bühnenpartnerin. Im Juli 1939 eröffnet er gemeinsam mit ihr die »Ritterspelunke« in München. Sie tritt hier im Drama »Ritter Unkenstein« als Unkensteins Tochter Kunigunde auf. Das Stück wird ein großer Erfolg, die Presse schreibt Anne-Marie Fischer zur zweiten Liesl Karlstadt hoch. Damit ist die Kränkung für Liesl Karlstadt komplett. Sie wurde ersetzt, als Frau und als Künstlerin, von Valentin und vom Publikum. Sie kommt kaum darüber hinweg, dass ein einziger Auftritt in den Gazetten den Stellenwert einer nahezu dreißig Jahre währenden Bühnenpartnerschaft einnimmt. Auch Karl Valentin geht das zu weit. Er bittet die Presse, von derartigen Vergleichen Abstand zu nehmen. Doch das ist gar nicht nötig. So erfolgreich das Stück auch ist, an die Erfolge des Duos Karlstadt-Valentin kann das neue Paar letztlich nicht anknüpfen. Die Zusammenarbeit dauert nur ein knappes Jahr, dann endet sie für immer.

Im Gegensatz zu Liesl Karlstadt hält Anne-Marie Fischer mit ihrer Liaison nicht hinter dem Berg. Nach seinem Tod gibt sie in späteren Jahren bereitwillig Auskunft über ihr Verhältnis zu dem großen Komiker und lässt eine erstaunte Öffentlichkeit sogar daran teilhaben, was für ein guter Liebhaber Valentin doch gewesen sei: »Man redet immer nur von der armseligen Gestalt, von dem mageren Gestell, von der armseligen Figur, und scheint damit unausgesprochen sagen zu wollen: Naja, ansonsten war nicht viel mit ihm los. Da muss ich aber laut widersprechen. Wer den ›Mann‹ in ihm nicht gesehen hat, hat ihn nicht richtig gesehen. Karl Valentin war ein großer, ein leidenschaftlicher, ein sehr guter Liebhaber. Und er hatte viel Spaß an ›der Sache‹. Es wäre ganz falsch, ihn abstrakt als Künstler zu betrachten. Ich bin der Meinung, dass sein Können, seine Kunst, seine spontane geistige, seine schöpferische Leistung nicht zu trennen ist von seiner Qualität als erotischer Mensch (...) Wie sagt der Volksmund: Von nichts kommt nichts. Ich weiß es: Karl Valentin war ein Vollblutmann. Er war ein Naturereignis. In jeder Beziehung.«[127] Derartiges wäre Liesl Karlstadt niemals über die Lippen gekommen. Um ihn öffentlich auszuschlachten, respektiert sie ihren Partner viel zu sehr. Und sich selbst durch eine Affäre mit dem großen Komiker interessant zu machen, hat sie nicht nötig.

Während Anne-Marie Fischer Liesl Karlstadt nicht leiden kann, kommt sie mit Valentins Ehefrau Gisela gut zurecht. Und auch diese versteht sich mit der jungen Frau, obwohl nicht davon auszugehen ist, dass ihr diese Liaison ihres Mannes verborgen bleibt. Es scheint, als gönne es die betrogene Ehefrau Liesl Karlstadt, nun selbst die Betrogene zu sein. Verdenken kann man ihr diese Haltung nicht. Dass beide Frauen Liesl Karlstadt nicht mögen, liegt an der offensichtlichen Bedeutung, die diese für Valentin hat. Damit kann keine der Frauen umgehen. Doch während sich Gisela Fey in Schweigen hüllt, schreibt Anne-Marie Fischer noch Jahre nach Karlstadts Tod gehässig über die Rivalin: »Gewiss hat er sie auch geliebt, aber die Liesl verband mit ihrer Karriere von Anfang an den Kampf um die Oberhand. Als Valentin nicht darauf einging, versuchte sie ihn eifersüchtig zu machen, und so nutzen sich ihre Mittel allmählich ab, bis sie in die Niederungen der vorgetäuschten Krankheiten und Zusammenbrüche heruntersanken. Ich kann mir erlauben, diese Meinung auszusprechen. Karl hat mit mir häufig über die Karlstadt geredet, sie war öfter das Thema als mir lieb war. Aber er litt unter ihren Launen und hätte sich gern von ihr getrennt, wenn nicht die beiden gerade in jener Zeit als Partner besonders beliebt und gefragt gewesen wären.«[128] Wie sehr ihre privaten Umstände, an denen auch sie selbst beteiligt ist, dazu beitragen, dass Liesl Karlstadt sich immer mehr verliert, hat Anne-Marie Fischer nicht bedacht. Sie sieht nur, wie die Künstlerin haltlos umhertaumelt, während sie verzweifelt versucht, sich privat und beruflich neu zu definieren, sich selbst treu zu bleiben in einer Welt, die sich einzig und allein um Karl Valentin dreht.

Niemand weiß, wie lange Liesl Karlstadt sich der Illusion hingegeben hat, einmal mehr als nur die Geliebte zu sein. Wann hat sie sich wohl vom Traum einer eigenen Familie verabschiedet? Ihre spätere Fürsorge für die Soldaten auf der Ehrwalder Alm und die Hingabe für die Rolle der Mutter Brandl weisen durchaus darauf hin, dass sie sich gerne als Mutter gesehen hätte. Hat sie jemals konkrete Forderungen an Valentin gestellt und ihn zu einer Entscheidung gedrängt? Sie hat niemals darüber gesprochen. Die Frau hinter der Künstlerin ist für die Öffentlichkeit eine Unbekannte geblieben.

So lange sie es erträgt, bleibt sie bei Valentin, gehört zu den Frauen, die Leid mit Liebe verwechseln. Zudem fühlt sie sich ihm gegenüber verpflichtet. Er hat sie entdeckt und sie ist dankbar dafür, dass er sie aus dem Schattendasein, das sie als Künstlerin geführt hatte, herausgeholt hat. Jetzt ist sie berühmt. Doch wollen die Menschen sie auch ohne Valentin sehen? Eine private Trennung kann eine berufliche nach sich ziehen. Zumindest wird sie das Miteinander auf der Bühne erschweren. Noch ist dieses Miteinander ihr Broterwerb, den sie nicht so einfach riskieren kann. Die private Emanzipation kann das Aus ihrer Bühnenkarriere bedeuten. Nicht jede Auflösung eines erfolgreichen Ensembles führt zu großen Solokarrieren. Es dauert lange, bis sie den Mut findet, dies auszuprobieren. Es dauert lange, bis sie begreift, dass die einzige Möglichkeit, um als Frau und Künstlerin zu überleben, die ist, ihm davonzulaufen.

»Dafür ist man schließlich Schauspielerin«
(Liesl Karlstadt)

5 Frau Vogl und Panoptikumsbesitzerin *oder* warum der eigene Weg oft der schwerste ist …

DIE THEATERSCHAUSPIELERIN

1930 wagt sie einen ersten Versuch, auf eigenen künstlerischen Beinen zu stehen. Nach fast zwanzig Jahren Bühnenpartnerschaft orientiert sie sich mit nunmehr 38 Jahren neu. Sie besinnt sich auf ihr großes schauspielerisches Talent und wechselt ins ernste Fach. Akkurat wie sie ist, nimmt sie, die auf langjährige Bühnenerfahrung zurückgreifen kann, zunächst wie eine Novizin Sprech- und Schauspielunterricht bei der Schauspielerin Mara Feldern-Förster. Ein Schritt, der zeigt, wie ernst es ihr mit diesem Genrewechsel ist. Am 14. Dezember 1930 gibt sie ihr Debüt als Witwe Vogl in Bruno Franks »Sturm im Wasserglas« in den Kammerspielen im Münchener Schauspielhaus. Die Öffentlichkeit nimmt bereits im Vorfeld regen Anteil: »Am Sonntag wird sich im Schauspielhaus ein künstlerisches Ereignis abspielen, das in ganz München großen Widerhall finden wird. Liesl Karlstadt, Karl Valentins kongeniale Partnerin wird spielen.«[129] Erste Trennungsgerüchte machen die Runde: »[Dies] hat Karl Valentin eine Fülle von Anfragen eingetragen, ob seine Partnerin denn von ihm weggehe, ob sie sich zerstritten hätten und Ähnliches mehr. Dies ist natürlich nicht der Fall und ist ja auch von keiner Seite behauptet worden. Nicht nur gastiert Liesl Karlstadt am Schauspielhaus in vollem Einverständnis mit ihrem Partner, sondern spielt auch weiterhin im Kolosseum mit ihm, so dass alle Freunde ihres künstlerischen Einverständnisses sich noch am nämlichen Abend davon überzeugen können: Sie bleiben beisammen!«[130] Dass Liesl Karlstadts Alleingang dennoch eine Veränderung innerhalb der Firma Valentin-Karlstadt mit sich bringen wird, ist jedoch auch allen klar, und so fragt die Presse unverhohlen: »Was wohl Valentin dazu sagen wird?«[131]

Es ist für die Kammerspiele durchaus ein Wagnis, Liesl Karlstadt zu besetzen. Noch nie zuvor hatte sie die Hauptrolle in einem Stück gespielt, das nicht aus ihrer und Karl Valentins Feder stammt. Wird sie als Nachfolgerin der großen Therese Giehse, von der sie die Rolle übernommen hat, bestehen? Und wird das Publikum sie überhaupt ohne Valentin sehen wollen? Die Presse schreibt: »Liesl Karlstadt vollzieht damit einen Übergang, dem man mit der größten Spannung und Erwartung entgegensehen muss (…) Liesl Karlstadt ist allerdings auch schon bisher auf der Varietebühne und Komikerbühne in einer so ausgezeichneten Weise Schauspielerin gewesen, dass für das Gelingen der interessanten Unternehmung unseres Erachtens die größte Wahrscheinlichkeit besteht.«[132]

Und in der Tat, Intendant Otto Falckenberg wird seine Entscheidung nicht bereuen. Zuschauer und Kritiker sind begeistert: »Das Auftreten von Liesl Karlstadt (…) war ein großer Erfolg (…) Liesl Karlstadt ist nämlich eine der seltenen ›Naturen‹ auf der Bühne. Sie wirkt nicht durch ihr ›Spiel‹, sondern durch ihr ›Sein‹.«[133] Der Schriftsteller und Kunstkritiker Wilhelm Hausenstein, nach dem Zweiten Weltkrieg erster deutscher Botschafter in Paris, schreibt nach ihrem ersten Auftritt: »Die Frau Vogl der Liesl Karlstadt war die Vollkommenheit in Person.«[134] Das Lob kennt keine Grenzen. Zu den Gratulanten gehören neben Autor Bruno Frank auch Katja und Thomas Mann, die ihr Blumen in die Garderobe schicken mit dem Vermerk, nach der Vorstellung kurz guten Tag zu sagen.[135] Endlich die lang verwehrte Anerkennung als eigenständige Künstlerin! Zum ersten Mal ist es ihr gelungen, den übermächtigen Schatten Karl Valentins loszuwerden.

Der Erfolg bestärkt sie darin weiterzumachen. In den nächsten Jahren wird sie sich Schritt für Schritt ein zweites Standbein schaffen, eines, auf dem nur sie selbst steht. Sie löst sich sukzessive aus der Firma Valentin-Karlstadt, ist nicht mehr länger nur die kongeniale Partnerin Karl Valentins, sondern wie Rudolf Bach schreibt: »Sie ist die bedeutendste Münchener

Liesl Karlstadt als Frau Vogel in „Sturm im Wasserglas"

Volksschauspielerin, die wir derzeit besitzen, eine von denen, darin das Volk dieser Stadt sich selbst gegenübertritt und zugleich auf reizende Art an sich selbst gebunden bleibt.«[136] Valentin notiert in sein Auftrittsverzeichnis über ihre Auftritte: »Ab 14. Karlstadt im *Schauspielhaus* ›Sturm im Wasserglas‹ Frau Vogl, nebenbei.«[137]

WEITERE FLUCHTVERSUCHE

Doch dass sie diese Rolle nicht nebenbei spielt, weiß niemand so gut wie er. Allabendlich fährt sie nach ihrem Auftritt im Schauspielhaus noch in der Maske der Frau Vogl ins Kolosseum, um dort mit Valentin aufzutreten. In Windeseile zieht sie sich um und schlüpft in die verschiedenen Rollen, die an diesem Abend auf dem Programm stehen. Die jahrelange Übung beim raschen Rollenwechsel kommt ihr nun zugute. Immer hochkonzentriert, gelingen ihr diese Wechsel, die eine enorme körperliche und geistige Anstrengung bedeuten. Nach der Hauptrolle in einem abendfüllenden Theaterstück auch noch mehrere Rollen in einer Kabarettvorstellung zu geben, ist mehr als eine Schauspielerin auf Dauer leisten kann. In einem Interview sagt sie auf die Frage »Was nützt heut am meisten unsere Nerven ab?«: »Für uns Künstler jedenfalls die Verpflichtung, Tag für Tag, Abend für Abend unabhängig von Stimmung und Verstimmung, von der Laune des Publikums und all den störenden Einflüssen mit der Leistung auf der Höhe zu sein. Diese brutale Forderung unseres Berufes, nicht nur etwas zu leisten, sondern auf die Minute dazu bereit zu sein, ruiniert unsere Nerven sicher am meisten.«[138]

Hinzu kommen für sie die besonderen Probleme, die Auftritte mit Valentin immer mit sich bringen. Dass sie auch noch seinen Text beherrschen muss, macht die Sache nicht einfacher. Das Pensum, das sie über Monate hinweg absolviert, ist beachtlich. Valentin hingegen sieht es als Selbstverständlichkeit an, dass sie auch weiterhin mit ihm auftritt. Jahre später schreibt er ihr in einem Brief: »Dir muss eines klar sein, wenn Du auch schon hie u da allein Theater gespielt hast, oder Film. Die richtige Lisl Karlstadt bist Du *nur* an *meiner* Seite.«[139] Seine hartnäckige Weigerung, ihre Soloauftritte ernst zu nehmen, wirkt wie ein hilfloser Versuch, eine seiner größten Ängste zu kaschieren: sie als Bühnenpartnerin zu verlieren – mögen noch so viele Biografen, Literaturwissenschaftler und Kritiker von der Zweitrangigkeit Liesl Karlstadts gegenüber dem Genie Karl Valentin überzeugt sein und Ex-Geliebte wie Anne-Marie Fischer ihr ein »krankhaftes Geltungsbedürfnis«[140] unterstellen: »Gewiss, die beiden waren aufeinander angewiesen, sie aber mehr auf ihn als er auf sie. Sie hatten sich gemeinsam ein gewaltiges Image aufgebaut, und trotzdem hätte Karl jederzeit wieder als Solo-Humorist arbeiten können. Die Karlstadt nicht. (...) Liesl Karlstadt war ganz und gar Karl Valentins Schöpfung, ohne ihn hätte sie nie werden können, was sie geworden ist.«[141] Valentin selbst weiß es besser: »Ich bin gerne auch der Valentin ohne Dir, aber der richtige Valentin bin ich nur zu zweit und zwar nur mit Dir. *Daher Valentin-Karlstadt*. Und das ist der Hauptpunkt in der Sache.«[142] Trotzdem kann er nicht verhindern, dass sie sich immer weiter von ihm entfernt, privat und beruflich. Vor allem nachdem sie von Valentins Affäre mit Anne-Marie Fischer erfährt, kühlt das Verhältnis der beiden merklich ab.

Am 1. September 1931 macht Liesl Karlstadt zum ersten Mal Aufnahmen für den Bayerischen Rundfunk. Im Hörspiel »Der Weiberkrieg« von Richard Elchinger zeigt sich, welchen Eindruck sie alleine mit ihrer Stimme macht. Sie wird zu einer festen Größe im Radio. Zum Jahreswechsel 1931/32 kommt »Das Karl Valentin Buch, das erste Bilderbuch von & über Karl Valentin und Lisl Karlstadt« auf den Markt. Warum es »Karl Valentin Buch« heißt, obwohl es inhaltlich um beide Künstler geht, bleibt ebenso ein Rätsel wie die Tatsache, dass dieser Art der publizistischen Missachtung unzählige weitere folgen. Zu dieser Zeit ist sie nahezu rund um die Uhr im Einsatz. An Silvester gibt sie gemeinsam mit Valentin Vorstellungen auf drei verschiedenen Bühnen. Erst im April 1932 gönnt sie sich eine Schaffenspause und fährt mit ihrer Schwester Amalie an den Gardasee, schmerzlich vermisst von dem daheim gebliebenen Karl Valentin. Unmittelbar nach ihrer Rückkehr beginnen in Geiselgasteig die Proben zu Max Ophüls' »Die verkaufte Braut«. Von Mai bis Juli sollen Karlstadt und Valentin darin die Besitzer eines kleinen Wanderzirkus spielen. Doch noch während der Dreharbeiten muss Liesl Karlstadt ihrer permanenten Überarbeitung Tribut zollen. Sie erkrankt schwer, muss eine Zwangspause nehmen. Für die letzten Aufnahmen ersetzt sie Ophüls durch ein Double, was ihr ganz und gar nicht gefällt. Kaum genesen, nimmt sie sofort eine neue Theaterrolle an. In der Komödie »Die 3 Gschpusi der Zenta« von Heinrich Hinck und Josef Mooshofer spielt sie am Volkstheater die Rolle der Zenta. Das Stück ist nicht besonders anspruchsvoll, doch das Ensemble plant eine Tournee, und das gefällt ihr sehr. Im November 1932 beginnt die Gastspielreise, die sie durch halb Süddeutschland führt. Bei Auftritten in Füssen, Weilheim, Stuttgart, Würzburg und vielen anderen Städten ist es nun ihr Name, der in Großbuchstaben auf Plakaten angekündigt wird. Die Menschen kommen, um die Schauspielerin Liesl Karstadt zu sehen, nicht das Komikerpaar Valentin-Karlstadt. Die gemeinsamen Auftritte werden aufgrund ihrer Tournee seltener. Nachdem Valentin klar wird, dass er ihre Entwicklung zur eigenständigen Künstlerin nicht mehr aufhalten kann, bietet er ihr an, eine Komödie nur für sie zu entwerfen: »Sende Dir mal eine Skizze des besprochenen Stückes. (...) Du müsstest natürlich, vor ich Dir das Stück zu schreiben beginne die Möglichkeit von allen darin vorkommenden Typen in Haltung, Sprache, Maske und Kleidung genau ausprobieren, erst dann ist es möglich das Stück zu schreiben, wenn Dir diese Typen vollständig zu Deiner Zufriedenheit gelingen – Sinn braucht die ganze Komödie sehr wenig zu haben, es soll Deine große Kunst im ›Menschen darstellen‹ gezeigt werden.«[143] Ob es tatsächlich der Versuch ist, ihrem Wunsch nach künstlerischer Eigenständigkeit entgegenzukommen, oder die einzige Möglichkeit für ihn, diese Eigenständigkeit zu steuern, sei dahingestellt. Aus der geplanten Komödie in drei Akten wird schließlich der Einakter »Ehescheidung vor Gericht«, in dem Liesl Karlstadt innerhalb von 15 Minuten fünf verschiedene Personen darstellt. Das Stück gilt zu Recht als Meisterwerk ihrer Verwandlungskunst.

Im März 1933 ist Liesl Karlstadt wieder im Schauspielhaus zu sehen, auch diesmal in einer Rolle Therese Giehses, die als Jüdin und Regimekritikerin Deutschland am 13. März 1933 in letzter Minute in Richtung Schweiz verlassen hatte. Liesl Karlstadt übernimmt die Rolle der Wirtschafterin Johanna in »Das schwedische Zündholz« von Ludwig Hirschfeld. Erneut gibt es lobende Kritiken, auch wenn sie dem Vergleich mit der großen Charakterdarstellerin Giehse nicht ganz standhalten kann. Sie tritt nun auch wieder regelmäßig mit Valentin auf, in einer neuen Gruss-Revue im Deutschen Theater, im Kabarett Wien-München und im Kolosseum. Zudem werden in den nächsten Jahren zahlreiche ihrer Originalszenen verfilmt. Dem ersten Tonfilm, der auf einem ihrer Stücke basiert, »Im Fotoatelier« (1932), folgen die Filme »Orchesterprobe« (Juli 1933), »Der Theaterbesuch« (Januar 1934), »Im Schallplattenladen« (Februar 1934), »Der reparierte Scheinwerfer« (Mai 1934), »Vorstadttheater« (Mai 1934) und »Der Firmling« (August 1934). Letzterer erhält wegen Verletzung des religiösen Empfindens Jugendverbot. Schon 1931 hatte die katholische Kirchenbehörde die Entfernung einer Fotografie Liesl Karlstadts als Firmling aus der Auslage eines Fotogeschäfts erwirkt. Dessen dümmlicher Gesichtsausdruck verhöhne die Religion.

Liesl Karlstadt macht gerne Filmaufnahmen, auch wenn sie manchmal ermahnt wird, doch etwas mehr hochdeutsch und nicht zu sehr bayerischen Dialekt zu sprechen. Dazu meint sie kopfschüttelnd: »Es ist sehr schwer. Wo bleibt da unsere Technik? Warum erfindet man nicht einen elektrischen Dialekt-Umformer? Man spricht da irgendeinen Dialekt in den Umformer und hochdeutsch kommt die Sprache heraus.«[144]

Interessanterweise geht sie nun nicht nur auf der Bühne eigene Wege, sondern auch beim Film. Es folgen Rollen in Filmen wie »Muss man sich gleich scheiden lassen« (1932), »Frl. Hoffmanns Erzählungen« (Juni 1933), »Mit Dir durch dick und dünn« (Oktober 1933), »Der Geizhals« (Januar 1934) und »Liebe dumme Mama« (1934). Sie spielt dabei an der Seite damaliger Publikumslieblinge wie Anny Ondra, Joe Stöckl und Luise Ulrich. Karl Valentin passt diese Entwicklung gar nicht und so wird er ihr dereinst schreiben: »In Zukunft heißt es, wir zusammen oder gar nicht. – Wenn Dir aber die Nase höher steht, dann kannst Du auch allein filmen, ich kenn ja Deine jetzige Einstellung nicht mehr so genau wie ›einst‹.«[145]

Er ist froh über jeden gemeinsamen Auftritt. Zum Münchener Faschingsumzug im Februar 1934 gestalten sie gemeinsam den Wagen: »Gruppe 122, ›Eine Valentiniade‹; Idee, An- und Ausfertigung von Karl Valentin und Liesl Karlstadt.« Die Presse berichtet über den Wagen der beiden Künstler mit der üblichen Missachtung Karlstadts: »Der treffendste Witz unter den Faschingswagen war der Wagen des Münchener Humoristen Karl Valentin. Ein stattlicher Wagen, halb leer, mit Farbtiegeln, Maßkrügen und anderen Werkzeugen, Gestänge und Gerümpel: ›Entschuldigens, wir sind mit dem Wagen nicht fertig' wor'n!‹«[146] Doch auch dieser publikumswirksame Auftritt kann nicht darüber hinwegtäuschen: Es ist ihr bitterernst mit ihrem Fluchtversuch. Auch wenn es noch manch innigen Brief aus jener Zeit gibt, das Verhältnis Karlstadt-Valentin wandelt sich endgültig. Mit knapp 40 Jahren ändert sie ihr Leben radikal und nabelt sich nach über 20 Jahren Bühnenpartnerschaft von ihm ab.

DAS PANOPTIKUM

Umso unverständlicher erscheint es, warum sie sich gerade in dieser Umbruchsphase auf ein hochriskantes finanzielles Unterfangen an der Seite Valentins einlässt. Ob es das typisch weibliche schlechte Gewissen ist, das beim Beschreiten eigener Wege unweigerlich aufkommt? Sie hat ihm viel zu verdanken, hat viel von ihm gelernt. Doch sie hat ihm auch viel zurückgegeben, hat massiven Anteil am Erfolg und sich sowohl beruflich als auch privat voll und ganz eingebracht. Eigentlich ist sie ihm nichts schuldig. Und doch, das Gefühl, ihn im Stich zu lassen, nagt an ihr, und obwohl sie nicht an den Erfolg glaubt, springt sie Karl Valentin zur Seite und ermöglicht ihm die Erfüllung seines großen Traums: das Panoptikum. Der Keller des Hotel Wagner soll zur Heimstätte dieses völlig neuartigen Museums werden, für das der bekannte Universitätsplastiker und Präparator Emil Eduard Hammer die Objekte gestalten soll. Hammer ist ein Meister seines Faches und warnt Valentin vor einem unkalkulierbaren finanziellen Risiko. Doch dieser wiegelt ab, er glaubt fest an den Erfolg des Unternehmens. Auch wenn Liesl Karlstadt skeptisch ist, lässt sie sich von Valentin dazu überreden, ihr Geld in sein Panoptikum zu investieren. Sie ist sich sicher, dass er niemals etwas tun würde, wodurch sie Schaden nimmt. Valentin investiert all seine Energie und all sein Geld in das Projekt. Für Auftritte mit ihr bleibt kaum noch Zeit. Die Distanz wächst. Als am 1. Mai 1934 seinem Konzessionsantrag stattgegeben wird, sind die Vorbereitungen für das Museum längst nicht abgeschlossen. Erst am 21. Oktober 1934, zwei Monate vor Ablauf der Konzession, öffnen sich die Türen von Valentins Panoptikum.

Geld ist bis dahin reichlich geflossen: Miete, Konzessionsgebühr, Werbung, Artefakte etc. etc. Valentin sieht sich genötigt, weitere Geldgeber ins Boot zu holen. Sein Biograf Michael Schulte schreibt hierüber: »Nachdem er sein gesamtes Vermögen in das Projekt investiert und auch Liesl Karlstadts Ersparnisse verpulvert hatte, verteilte er Schuldscheine an jedermann, der bereit war, ihm Geld zu leihen, wobei er auch unsinnige Zinsforderungen akzeptierte.«[147] Während er seinen diversen Geldgebern Zinsen von zehn Prozent bei Rückgabe ein bis zwei Monate nach Eröffnung verspricht, steckt Liesl Karlstadts Geld zinsfrei in der Unternehmung. Dafür garantiert ihr ein Schuldschein ein Drittel vom Gesamtgewinn. Doch der bleibt bekanntlich aus. Sie wird ihr Geld nie wieder sehen. Für Liesl Karlstadt, die weder durch eine Ehe, noch durch eine familiäre Apanage abgesichert ist, bedeutet der Verlust ihrer Ersparnisse den Verlust ihrer hart erarbeiteten Altervorsorge. Trotz groß angelegter Werbemaßnahmen interessiert sich kaum jemand für die dort ausgestellten Dinge, wie den pelzgefütterten Winterzahnstocher, den Stein, mit dem David Goliath erschlagen hat, den Apfel, in den Adam gebissen hat, oder den nicht rauchenden Vesuv, da das Rauchen im Keller des Hotels Wagner verboten ist. Valentins Hang zum Sadismus, der sich auch in einer Vorliebe für mittelalterliche Folterinstrumente äußert, ist nicht jedermanns Sache. So gibt es eine Guillotine samt Geköpftem, einen Hungerturm, einen aufgespießten Kopf und eine perfekt ausgestattete Folterkammer mit Ketten, Schandmasken, Streckbank, Peitschen, Halskrausen und Kohlebecken. Man hört das Wimmern und Stöhnen der Gepeinigten, sieht, wie einem Mann die Finger abgehackt werden und eine verhüllte Gefangene von einem Folterknecht gequält wird. Einwände gegen ein derartiges Schreckensszenario, wie die des Schriftstellers Eugen Roth, der ihn auf die Perversion eines derartigen Gruselkabinetts angesichts der realen

Folter in den Konzentrationslagern der Nazis aufmerksam macht, verfangen bei Valentin nicht. Wenige Tage nach seinem Besuch in Valentins Panoptikum erlebt Roth sein blaues Wunder: »Nicht lange hernach traf ich ihn auf der Straße, er kam auf mich zu und lachte triumphierend: ›Sie, weil Sie g'sagt hamm, dass Ihnen mein Gruselkeller net g'fallt – am selben Nachmittag noch war der Gauleiter Wagner da, was meinen S' wie der g'lacht hat! I hab ihm des erzählt, der Doktor Roth, hab i g'sagt, der hat sich aufg'regt, so was, hat er g'sagt, braucht man jetzt net künstlich machen, wo's doch in Dachau und so an der Tagesordnung ist!‹«[148] Eugen Roth ist sich durchaus im Klaren darüber, dass er nur mit knapper Not einem schrecklichen Schicksal entkommen ist: »Seitdem bin ich überzeugt, dass der Mensch einen Schutzengel hat und dass er ihn unverhofft brauchen kann – selbst gegen den großen Komiker Karl Valentin.«[149] In Kenntnis dieser Anekdote fällt es schwer, Michael Schulte zu folgen, der die Folterkammer nicht nur mit »Valentins bekannte[r] Neigung zum Sadismus« in Verbindung bringt, sondern darin auch einen »Ausdruck der Bedrohung (…), die Valentin angesichts des Faschismus empfand«, sieht.[150]

Valentins eigenartigen Humor bekommt einmal mehr auch Liesl Karlstadt zu spüren. Als sie das Objekt ihrer Investition zum ersten Mal besichtigt, spielt Valentin ihr einen makaberen Streich. Nachdem sie die Folterkammer betreten hat, hebt einer der dargestellten Femerichter mehrmals den Arm. Es ist der verkleidete Joseph Rankl. Valentin aber tut so, als sähe er nichts, was Liesl Karlstadts Entsetzen noch steigert. Sie läuft schließlich schreiend davon, nur um auf einer Brücke zum Stehen zu kommen, die ihr das Gefühl vermittelt, einzubrechen und neben einer im Morast treibenden Wasserleiche zu landen. Valentin selbst bestätigt den Schock seiner Partnerin: »Davon hat meine Partnerin Liesl Karlstadt einen solchen Schrecken gekriegt, dass sie meinen Gruselkeller nie wieder betreten hat und dabei hatte ich meine Katakomben doch unter dem gleichen Saal eingerichtet, wo ich mit ihr und einer eigenen Truppe (…) aufgetreten bin.«[151] Vergeblich besteht Liesl Karlstadt darauf, die Wasserleiche zu entfernen.

Liesl Karlstadt, zu Tode erschrocken beim Überqueren der Hängebrücke im Panoptikum, 1934

Für Liesl Karlstadt entwickelt sich das Panoptikum zu einem Leiden ohne Ende. Neben dem finanziellen Desaster und dem erlittenen Schrecken ist sie nun auch noch täglich mit Valentins Familie konfrontiert: Frau, Tochter und Sekretärin sitzen abwechselnd an der Kasse, um die Kosten niedrig zu halten. Zum ersten Mal ist damit die strenge Trennung in Eheleben mit Gisela und Bühnenleben mit Liesl aufgehoben. Sie fühlt sich an den Rand gedrängt. Auch als Bühnenpartnerin verliert sie zunehmend an Bedeutung, seit Valentin seine ganze Energie ins Panoptikum steckt. Dabei ist alle Liebesmüh vergebens: Fast niemand kommt, um die Schau zu sehen.

Liesl Karlstadt sieht voller Angst in die Zukunft. Die Weltwirtschaftskrise ist in vollem Gange. Jeder siebte Münchener lebt von der Fürsorge, mehr als 10 Prozent aller Münchener sind arbeitslos. Niemand weiß, wie es weitergeht. Ob die Menschen in Zeiten, in denen sie haushalten müssen, ihr Geld weiterhin ins Theater tragen, ist fraglich.

Ihr Leben gerät nun immer mehr aus den Fugen. Ende 1934 löst ihr Verlobter Joseph Kolb die Verbindung. Er hat genug vom Hin und Her zwischen Karlstadt und Valentin. Zwar ist ihr Kolb nicht immer treu gewesen, doch die Trennung ist für Liesl Karlstadt ein weiterer schwerer Schlag. Während sie auf der Bühne das Publikum auch weiterhin zum Lachen bringt, verdunkelt sich ihre Seele mehr und mehr. Immer öfter zieht sie sich deprimiert zurück, hadert mit sich und ihrem Schicksal. Im November 1934 ereilt sie erneut ein schwerer depressiver Schub. Mitte Dezember begibt sie sich freiwillig in die Klinik Neuwittelsbach in der Renatastraße in München.

Doch es bleibt ihr keine Zeit zur Erholung. Nachdem sich das Scheitern des Panoptikums immer mehr abzeichnet, steigt ihre Bedeutung für Valentin wieder. Er braucht sie dringend für neue Auftritte, holt die schwer Kranke bereits nach wenigen Tagen aus der Klinik. Obwohl er weiß, dass sie eine Rasierklinge bei sich trägt, um sich die Pulsadern aufzuschneiden, verdrängt er, wie schlecht es um sie steht. Kurz vor Weihachten sucht Liesl Karlstadt erneut ihren Psychoanalytiker auf.

Am 22. Dezember steht sie wieder im Kabarett Wien-München als Kapellmeister auf der Bühne. Am 31. Dezember 1934 erlischt die Konzession für das Panoptikum. Die nächsten fünf Monate bleibt das Museum geschlossen. Den Silvesterabend 1934 verbringt Karl Valentin zum ersten Mal seit 22 Jahren nicht mit Liesl Karlstadt, sondern mit seiner Familie. Ihre Befürchtungen, ihn nun endgültig zu verlieren, scheinen sich zu bewahrheiten. Sie fühlt sich minderwertig, steigert sich immer mehr in den Wahn hinein, nicht gut genug zu sein: weder als Frau noch als Künstlerin. Ihr Zustand verschlechtert sich rapide. Im März ist sie so krank, dass sie nicht mehr auftreten kann. Im April 1935 erleidet sie einen Nervenzusammenbruch. Dass das Panoptikum am 16. November 1935 endgültig geschlossen wird, ist für sie nur mehr eine Randnotiz.

*»Mag kommen was da wolle –
man muss alles mitmachen.«*
(Liesl Karlstadt)

6 Patientin und verhinderte Selbstmörderin *oder* wenn dem Clown die Tränen kommen ...

DER ZUSAMMENBRUCH

Am Morgen des 6. Aprils 1935 verlässt Liesl Karlstadt ihre Wohnung in der Maximilianstraße 29. Sie hat ihre Katze bei sich. Ihrer Schwester erklärt sie, zum Arzt zu gehen. Ohne Umweg marschiert sie zur Prinzregentenbrücke und stürzt sich gegen 9.00 Uhr in die kalte Isar. Sie überlebt, die Katze ertrinkt. Herbeieilende Passanten fischen sie heraus und informieren die Polizei. Diese vermerkt nach einer ersten Vernehmung als Motiv für den Selbstmordversuch »Kummer«.[152] Tropfnass und seelisch wie körperlich ein Häufchen Elend, wird sie stark unterkühlt in die Psychiatrische Klinik in der Nußbaumstraße eingeliefert. Sie weint die ganze Zeit: »Äußert lebhafte Selbstvorwürfe: habe alles falsch gemacht, sich u. anderen das Leben verdorben, sich unehrlich verhalten, Gutes stets nur mit Bösem vergolten, jetzt aber die größte Schande über sich u. andere gebracht, könne sich nie mehr sehen lassen, man möge sie ins Gefängnis, ins Zuchthaus bringen, denn sie verdiene nicht mehr unter anderen Menschen zu leben, sie sei gar nichts wert, habe sich trotzdem immer Mühe gegeben u. nun sei alles umsonst gewesen«[153], notiert man bei der Aufnahme. Die umgehend verständigte Amalie eilt herbei, entsetzt über das Geschehen, das sie sich nicht erklären kann. Bei ihrer Befragung gibt sie an, dass ihre Schwester ein fröhlicher, sehr geselliger Mensch sei. Schon als Kind sei sie stets sehr ehrgeizig gewesen, was sich in guten Noten niedergeschlagen habe. Niemals sei sie ernstlich krank gewesen. Zugegebenermaßen habe sie jedoch manchmal auch weniger gute Tage erlebt, Tage, an denen man ihr nichts habe recht machen können, an denen sie mit sich und der Welt unzufrieden gewesen sei. Doch das habe sich meist rasch wieder gegeben. Allerdings, seit letztem November, da sei doch einiges anders. Seit dieser Zeit habe sich Liesl Karlstadt tatsächlich verändert, sei in sich gekehrter, stiller und trauriger geworden. Nichts habe ihr mehr Spaß gemacht, selbst das morgendliche Aufstehen sei zur Qual geworden. Sie habe viel geweint, sei lethargisch und abwesend erschienen. Ihre Post habe sie ungeöffnet liegen lassen und weder ihre geliebten Berge noch das Skilaufen konnten ihr Freude machen. Ein dunkler Schatten hätte sich über ihr Gemüt gelegt. Auffällig sei gewesen, dass sich ihre Laune gegen Abend hin meist verbessert habe, so dass sie ohne Probleme ihre Auftritte absolvierte.

Dies bestätigt auch Karl Valentin, der ebenfalls ins Krankenhaus gerufen wird. Als er erfährt, was geschehen ist, bricht er in Tränen aus. Er berichtet, dass seine Partnerin all die Jahre zwar heftigen Stimmungsschwankungen unterworfen gewesen sei, zumeist aber vergnügt und voller Tatendrang. Nur in Ausnahmefällen habe eine depressive Verstimmung ihre Aktivität gehemmt. Sie sei sehr sportlich und äußerst fit. Andererseits räumt er ein, dass sie sich seit Längerem mit Selbstmordgedanken getragen habe. Bereits 1923 dachte sie daran, sich vor die Straßenbahn zu werfen. Auch die Geschichte mit der Rasierklinge erzählt er nun. Aufgrund ihres Alters habe sie große Zukunftsängste entwickelt, die seiner Ansicht nach jedoch völlig grundlos seien. Das Publikum liebe sie und sie habe jede Vorstellungen mit Bravour gemeistert. Auf die Idee, dass ihre Ängste vor dem Alter auch damit zusammenhängen könnten, dass sie gerade durch ein Schulmädchen ersetzt wurde, kommt er nicht.

Nähere Auskunft über das Seelenleben der Patientin soll die Befragung ihres Psychoanalytikers Dr. Seif bringen. Dieser datiert seine erste Begegnung mit Liesl Karlstadt sieben Jahre zurück. Sie hätte ihn damals wegen ihrer dauerhaften Melancholie aufgesucht. In den Gesprächen habe sie berichtet, dass sie von frühester Jugend an mit dieser Traurigkeit zu kämpfen hatte. So sei sie der Liebling der Mutter gewesen und habe bis zu ihrem 10. Lebensjahr im Bett der Mutter geschlafen. Als ihre Schwester Amalie geboren wurde, hätte sie mit der Situation nicht umgehen können und im Bett so um sich geschlagen, dass man sie aus dem Bett der Mutter entfernt habe. Ihm gegenüber habe sie dieses Erlebnis als das furchtbarste ihres Lebens bezeichnet. Diese kindliche Erfahrung des Zurückgewiesenwerdens habe bei der Patientin zu einem tiefen Selbsthass geführt. Sie habe sich klein und hässlich gefühlt und wollte von da an auch kein Mädchen mehr sein. Folgerichtig sei sie darum in späteren

Liesl Karlstadt im Film „Musik zu Zweien", 1936

Jahren in Hosenrollen geschlüpft – was allerdings nicht auf eine latente Homosexualität hindeute. Liesl Karlstadt habe sich in einen regelrechten Kleinheitswahn hineingesteigert und allem Erfolg zum Trotz stets auf das dicke Ende gewartet, im festen Bewusstsein, das ganze Glück nicht zu verdienen.

Seif berichtet zudem, dass ihre Erkrankung auch im Zusammenhang mit Valentins Beziehung zu Anne-Marie Fischer zu sehen sei. Sie habe dies als tiefen Vertrauensbruch Valentins erlebt. Der akute Ausbruch der Krankheit wird von Seif im Gegensatz zu Amalie Wellano und Karl Valentin auf Mai 1934 terminiert. Zu diesem Zeitpunkt habe das Panoptikum in Karl Valentins Leben einen so überragenden Platz eingenommen, dass sie sich abgeschoben vorkommen musste. Die gemeinsamen Auftritte seien hinter diesem Großprojekt zurückgedrängt worden, dem ersten gemeinsamen Projekt, mit dem sie sich nicht identifizieren konnte. Als Valentin auch noch auf die Mithilfe seiner Familie zurückgriff, fühlte sie sich noch mehr an den Rand gedrängt. Damit hätte Valentin die seit Jahrzehnten eingehaltene Trennung zwischen dem Leben mit Liesl Karlstadt und dem Leben mit der Familie aufgehoben. Da sich das Panoptikum im Keller des Theaters befand, in dem das Komikerpaar auftrat, musste Liesl Karlstadt nun jeden Abend an Valentins Frau vorbeigehen, die an der Kasse saß. Für beide sei dies zuletzt ein unerträglicher Zustand gewesen.

Dr. Seif gibt ferner zu Protokoll, dass Liesl Karlstadt seit sieben Jahren ein intimes Verhältnis zu einem anderen Mann pflege. Mit ihm treffe sie sich, wenn Valentin am Sonntag bei der Familie sei, wenn er keine Zeit für sie und ihre Nöte habe. Da sie Valentin nie von diesem anderen Mann erzählt habe, habe sie ein furchtbar schlechtes Gewissen ihm gegenüber gehabt und sich mit Selbstvorwürfen gequält. Außerdem sei ihre Angst vor der Reaktion des Publikums groß gewesen, für den Fall, dass die heimliche Liebschaft an die Öffentlichkeit kommen sollte. Wie wenig entspricht dies doch den Schilderungen Anne-Marie Fischers, die Liesl Karlstadt einen recht flotten Lebenswandel unterstellt: »Liesl Karlstadt trieb es mitunter recht arg; sie hatte mal hier einen Liebhaber, mal dort einen Freund. Karl sah großzügig darüber hinweg, solange es nicht ihre gemeinsame Arbeit störte. Als Liesl aber mitbekam, dass er sein Interesse mir zugewandt hatte, einem ganz jungen Ding, das ebenfalls Künstlerin war, da kam es zu unangenehmen Szenen. Liesl pflegte sich in vorgetäuschte Krankheiten zu retten, aber das nützte ihr wenig.«[154] Er, Seif, habe Liesl Karlstadt geraten, die Karten auf den Tisch zu legen und Valentin alles zu beichten. Zu ihrer Überraschung sei Valentin der ganzen Angelegenheit jedoch äußerst distanziert gegenübergestanden, habe nur geäußert, sie hätte sich auch etwas Besseres suchen können. Ein Verhalten, das sie sich nur mit seiner absoluten Gleichgültigkeit ihr gegenüber erklären konnte.

Vor rund einem Monat habe Seif dann entdeckt, dass Liesl Karlstadt sich mit Selbstmordabsichten trage, und ihr dringend zum Aufenthalt in einer psychiatrischen Klinik geraten. Dies sei von ihr strikt abgelehnt worden. In ihrer Verweigerungshaltung habe Karl Valentin sie nach Kräften bestärkt.

Eine Behandlung mit Barbituraten habe ihren Zustand nur unmerklich verbessert. Auch die zwischenzeitlich stattgefundene Aussprache zwischen Karl Valentin und ihrem Liebhaber sei ohne Auswirkung auf ihr Befinden geblieben. Sein letzter Kontakt mit der Patientin liege jetzt knapp zwei Wochen zurück. Heute morgen nun habe ihn Karl Valentin angerufen und sich nach dem angeblichen Termin erkundigt, den Liesl Karlstadt heute in seiner Praxis hatte. Obwohl Dr. Seif keine manischen Phasen an der Patientin festgestellt haben will, kommen die Ärzte bald zu der Diagnose, dass Liesl Karlstadt an einer bipolaren Störung leide und manisch depressiv sei.

IN DER KLINIK

Von April bis November 1935 versucht man in der Klinik ihr zu helfen: »Weint viel, Selbstvorwürfe. Daneben wird aber jetzt eine andere Tendenz stärker und deutlicher: das ganze bisherige Leben als eine Kette von Schwierigkeiten zu sehen, die ihren Grund im Verhalten u. in der Art anderer Menschen haben (K. Valentin!). Beklagt sich dann über ihre eigene geringe Widerstandskraft, über ihr geringes Selbstbewusstsein ›bei dem dauernden Ehrgeiz, nur ja alles recht zu machen‹.«[155] Lange Zeit ist sie völlig verzweifelt, fürchtet gar verrückt zu werden. Beim geringsten Lärm schreckt sie hoch, brüllt nachts aus ihrem Fenster hinaus in den Münchener Nachthimmel.

Die Verbindung mit Valentin, so fruchtbar sie künstlerisch auch war, erscheint ihr nun persönlich als Katastrophe. Tatsächlich hat der sensiblen Künstlerin das Zusammensein mit dem neurotischen Karl Valentin seelisch mehr geschadet als genützt. So war sie stets darauf bedacht gewesen, seine Launen aufzufangen, und hatte sich dadurch immer stärker auch in seine Neurosen verwickeln lassen. Selbst psychisch äußerst instabil, hatte sie seine nervösen Zustände auf sich übertragen. Nun macht sie sich die größten Vorwürfe, glaubt, durch ihren Selbstmordversuch Schande über sich, ihre Schwester und vor allem über ihren Partner gebracht zu haben. Sie schämt sich unendlich, für eine gläubige Katholikin ist ein Selbstmordversuch keine Kleinigkeit. Nicht umsonst findet sich in ihrem

Bühnenalbum fein säuberlich abgetippt folgendes Couplet von ihrem Namenspatron Karl Maxstadt:

> *Wer sich das Leb'n verkürzt*
> *wer sich ins Wasser stürzt*
> *wer sich durch Kohlendampf im Schlaf erstickt*
> *wer sich aus Übermuth*
> *sogar erschiessen tut,*
> *aus Liebesgram wird heut' zu Tag verrückt,*
> *wer sich ganz tief gekränkt*
> *an einen Baum hängt,*
> *wer sich vergiftetet mit Cynkalium,*
> *wer sich die Gurgel abschneidt meiner Seel'*
> *der kommt in d'Höll! Zu uns in d'Höll!*[156]

In der Klinik behandelt man Liesl Karlstadt vor allem mit Barbituraten und Opium. Bis in die 50er-Jahre hinein gilt Opium als das einzige Medikament gegen Depression. Antidepressiva sind noch nicht auf dem Markt. Noch behandelt man vor allem die manischen Phasen eines Patienten, versucht ihn ruhig zu stellen. Liesl Karlstadt wird von heftiger psychosomatischer Unruhe geplagt, versucht sich mit allem abzulenken, was ihr zur Verfügung steht. Sie schläft wenig, bläst stattdessen in aller Herrgottsfrüh auf ihrer Klarinette: »Submanisch, schreibt dauernd Briefe, gereizt, schimpft, stößt sich an allem, übermüdet, weint rasch«, wird in ihrer Krankenakte im Juli 1935 vermerkt.[157] Wie bei vielen manischen Patienten kommt auch bei ihr ein starker Rededrang hinzu. Die Worte überschlagen sich schier. Diagnostiziert wird schließlich »Ideenflucht«, ein beschleunigter, sprunghafter Gedankenablauf mit wechselnden Zielen und Einfällen samt wirren, nicht nachvollziehbaren Assoziationsketten. Allen Behandlungsmaßnahmen zum Trotz bleiben die gewohnten Tagesschwankungen: »Abends kaum gehemmt, lustig, macht Witze, unterhält die ganze Station, aber dabei hastig und unruhig.«[158]

Karl Valentin ist über den Zustand seiner Partnerin zutiefst betrübt und schreibt ihr rührende Briefe in die Klinik. So ruppig er zuvor war, so zärtlich nennt er sie nun »Liebe, gute einzige Lisi«[159]. Doch so sehr er sich auch bemüht, sie hält Distanz: »Wie sehr Du mir nicht ans, sondern ins Herz gewachsen bist, wirst Du wohl *nie* erfassen. Ohne Dir ist die Welt für mich völlig inhaltslos. Du hast für mich schon so viel Geduld aufgebracht warum sollst Du es nicht für Dich selbst können (...) Halte aus! Halte aus! Halte aus im Sturmgebraus.«[160]

Dass Valentins Briefe so wenig Wirkung zeigen, liegt vielleicht aber auch daran, dass immer auch die große Sorge um sich selbst herauszulesen ist: »Es ist eine harte Zeit für mich ohne meiner kleinen Lisi die mir in allen Dingen auf der Welt so behilflich war.«[161] Er ist und bleibt ein Egoist, der zu allererst sein eigenes Schicksal beklagt: »Eine Firma wie Valentin-Karlstadt muss noch lange lange für München erhalten bleiben so Gott will, und ›Er‹ will, das hat er gezeigt. Warum solltest Du nicht wollen???«[162] Deutlich wird nun seine Angst vor einer Zukunft ohne Liesl Karlstadt spürbar. Sein verzweifeltes »*Lebe für mich,* ich bitte Dich von ganzem Herzen«, ist durchaus ernst gemeint.[163] Ihr Zusammenbruch stellt ihn vor große Probleme. Ohne sie ist sein Repertoire begrenzt und kaum erweiterbar. Vielleicht kann er allein dichten, allein auftreten kann er nicht. Wer soll nun seine Improvisation steuern, wer auf der Bühne die Fäden in der Hand halten? Er ist auf sie angewiesen, dies wird ihm nun in erschreckender Deutlichkeit klar. Für Karl Valentin ist Liesl Karlstadt unersetzlich.

Die Schauspielerin hat selbst die allergrößten Schwierigkeiten damit, nicht mehr zu funktionieren. Eine seelische Erkrankung – ausgerechnet bei ihr, dem Prototypen der gestandenen Münchenerin! Mit Händen und Füßen wehrt sie sich dagegen, die Krankheit zu akzeptieren. Sie schwankt lange zwischen der Hoffung auf Heilung und der stoischen Hinnahme eines unabwendbaren Schicksals, das ihr Leben in ihren Augen nicht mehr lebenswert macht.

Wie so viele Male zuvor in ihrem Leben flüchtet sie auch jetzt in die Hosenrolle. Das, was ihr als Schauspielerin einst den Ausweg aus einem drögen Frauenleben ermöglichte, soll ihr nun die Flucht vor der Realität ermöglichen. In Hosen hat sie sich immer stark gefühlt, eine Stärke, die sie jetzt dringend braucht. Bei einer Arztvisite versteckt sie sich im Matrosenanzug, in der Maske eines kleinen Buben, hinter der Tür. Sie läuft Pfeife rauchend durch die Klinik und gebärdet sich als Mann, in der Hoffnung, sich wie ein Mann zu fühlen: unerschrocken und stark. Die Flucht in die Hosenrolle wird nun zur Flucht vor sich selbst.

Von außen kommt der Druck, wieder zu arbeiten. Neue Verträge stehen an, doch sie kann nichts unterschreiben: »Pat. soll im Oktober im Kabarett d. Komiker i. Berlin auftreten. Zusage unmöglich«, steht in der Krankenakte.[164] Niemand weiß, wann und ob sie überhaupt je wieder auftreten wird. Nur: Solange Liesl Karlstadt arbeitsunfähig ist, kann auch Karl Valentin nicht auftreten. Das weiß sie, und sie macht sich deswegen schwere Vorwürfe. Nicht zuletzt fürchtet sie auch um die eigene Karriere. Sie hat furchtbare Angst davor, für alle Zeiten erledigt zu sein: »Jammert um ihre Karriere, möchte arbeiten, es sei ein Schimpf, hier i. d. Klinik zu liegen, damit sei sie für immer gebrandmarkt.«[165] Ganz so weit hergeholt sind ihre Befürchtungen nicht. Die Gesellschaft der 30er-Jahre hat wenig Verständnis für psychische Erkrankungen – im schlimmsten Fall sind sie sogar lebensgefährlich: Am 14. Juli 1933 haben die Nationalsozialisten das Gesetz zur Verhütung erbkranken Nachwuchses erlassen. Danach sind Kliniken verpflichtet, Patienten zu melden, die an einer Krankheit leiden, die nach dem damaligen Stand der Wissenschaft als erblich galt. Die Klinikleitung zeigt auch Liesl Karlstadt beim zuständigen Bezirksarzt an. Da sie jedoch nach einer Operation an der Gebärmutter 1930/31 keine Kinder mehr bekommen kann, sieht man von einem Antrag auf Unfruchtbarmachung ab. Andere haben weniger Glück. Zwischen 1934 und 1945 werden zwischen 300 000 und 400 000 Menschen von deutschen Ärzten zwangssterilisiert. Liesl Karlstadt hätte einer davon sein können.[166]

FRÜHE ÜBERFORDERUNG

Ihr schlechtes Gewissen Valentin gegenüber führt schließlich dazu, dass sie noch aus der Klinik heraus ihren nächsten Film dreht. Ursprünglich hätte Karl Valentin für die Dreharbeiten zu »Kirschen in Nachbars Garten« nach Berlin reisen sollen. Doch er weigert sich strikt, ohne Liesl Karlstadt zu fahren. Auch als die Dreharbeiten daraufhin nach München verlegt werden, will er nicht ohne sie spielen. Was als solidarische Geste gedacht ist, setzt sie enorm unter Druck. Regisseur Erich Engels berichtet, dass der Arzt ihm bei seinem ersten Besuch im Krankenhaus »keine großen Hoffnungen machte, in absehbarer Zeit mit Liesl Karlstadt filmen zu können. Sie sei nervlich völlig am Ende und könne nicht allein gelassen werden.«[167] Liesl Karlstadt ist hin- und hergerissen, entscheidet sich letztlich aber für ihre Gesundheit: »Nach Rücksprache mit Herrn Geh. Rat Bumke Filmtätigkeit für September abgesagt.«[168] Noch hat sie Angst, allein die Klinik zu verlassen. Bei ihren ersten Ausgängen wird sie von einer Krankenschwester begleitet, so unsicher ist sie. Sie hat Panik, Passanten könnten sie auf ihren Selbstmordversuch ansprechen. Trotzdem beginnen Ende September in Grünwald die Dreharbeiten, wie Engels erzählt: »Auf Drängen meiner Frau bat Liesl dann den Professor, sie doch arbeiten zu lassen. Die Ablenkung vom Alltag und der Zwang zur Arbeit täten ihr bestimmt gut. Ja, wenn der Film in München gedreht werden könne, und die Liesl jeden Tag ins Atelier begleitet werde, dann habe er, der Professor nichts dagegen. (...) Dass es überhaupt geklappt hat, war allein der guten Liesl zu verdanken. Meine Frau nahm sich ihrer ganz besonders an, holte sie meist morgens von der Klinik ab und brachte sie abends wieder zurück.«[169] Ob es richtig ist, eine schwer kranke Frau einem derartigen Stress auszusetzen? In der Klinik jedenfalls stellt man fest: »Filmt täglich von morgens bis abends, ist sehr erschöpft, gibt aber nicht nach: ›Ich bin viel zu ehrgeizig.‹«[170] Gleichwohl findet sich auch während der Filmarbeiten folgender Vermerk in ihrer Krankenakte: »Verstimmt, weint, hoffnungslos, verzweifelt.«[171]

Ende November 1935 verlässt Liesl Karlstadt die Klinik: »Wird heute nach Berlin entlassen, geht unmittelbar von der Klinik zur Bahn, bekommt Schlafmittel mit für 2 Abende; Schlafmittel werden (...) jeden 2. Tag nach Berlin geschickt.

Wesentlich gebessert entlassen. Geschäftsfähig. Zur Zeit arbeitsfähig.«[172] Sie reist sofort nach Berlin weiter, wo sie ab Dezember 1935 wieder mit Valentin auftritt.

Schon bei der Anreise sieht sie sich mit den üblichen Problemen konfrontiert, bereits in Halle will Valentin vor lauter Angst den Zug verlassen. In Berlin angekommen, bricht er mit der Filmcrew einen Streit vom Zaun, den die psychisch labile Liesl Karlstadt schlichten muss. Als dann auch noch ihr ehemaliger Verlobter Josef Kolb völlig unerwartet Anfang des Jahres 1936 stirbt, erleidet sie während einer Vorstellung im Kabarett der Komiker einen Nervenzusammenbruch: »Eines Abends verlor sie die Kontrolle über ihre Nerven und fing während der Vorstellung plötzlich zu weinen an – aus heiterem Himmel und ohne ersichtlichen Grund. (…) Man versuchte mit allen Mitteln sie zu beruhigen um die Vorstellungen zu retten, aber es war alles vergebens«[173], berichtet Theo Riegler. Vorausgegangen war diesem Zusammenruch die völlige Überanstrengung, die sie nur mit Hilfe von Schlaftabletten überstanden hatte. Das Gastspiel war verlängert worden, parallel wurde über Film- und Schallplattenaufnahmen verhandelt und auch der Hypochonder Valentin war wieder ganz der alte. Einzig Liesl Karlstadt ist nicht mehr die alte. Der Stress und die Belastung des Zusammenspiels mit Valentin, die sie zuvor anscheinend mühelos weggesteckt hat, sind ihr jetzt zu viel. Ihr behandelnder Arzt, Dr. Stephan von der Trenck, reist aus München an und bringt sie am 10. Januar 1936 zurück in die Klinik in der Nußbaumstraße. Karl Valentin bleibt in Berlin und versucht, allein den noch bis Februar laufenden Vertrag zu erfüllen.

Diesmal macht Liesl Karlstadt ihrem Partner offene Vorwürfe, die diesen bis ins Mark treffen; er schreibt »Deinen Brief erhalten. Verlange von mir nicht ein langes Schreiben und eine Rechtfertigung – Ich bitte Dich mit aufgehobenen Händen verzeihe mir Alles was ich getan habe, ich will so werden wie Du es willst, ich wusste ja nicht dass ich so bin, ich bleibe in Zukunft eine *treue* Seele, ich verlange mir so lange Du lebst nichts anderes mehr als Dich und ich werde für Dich sorgen wie eine Mutter für ihr Kind. Du hast mir so oft gesagt, ich bin ein guter Mensch, nur in Deiner Krankheit hast Du das alles anders empfunden. Schreibe mir *sofort*, dass Du mir wieder so gut bist, wie Du es immer warst. Liebe gute Lisi schreibe mir sofort, dass wir wieder zusam[men] gehören. (...) Ich tue Alles für Dich, Du musst wieder gesund werden es geht nicht anders.«[174] Er ist entsetzt, doch sein eigenes Verhalten reflektiert er nicht. Der neuerliche Zusammenbruch und ihr abweisendes Verhalten schockieren ihn zutiefst. Von Berlin aus konsultiert er verschiedene Ärzte, mit der Bitte, Liesl Karlstadt zu helfen. Jeden Tag pünktlich um 12.00 Uhr erkundigt er sich per Ferngespräch bei Oberarzt von der Trenck nach ihrem Befinden. Er schreibt ihr lange Briefe, die sie meist nicht beantwortet. Sie kann sich seinem »dreifachen Hoch der alten Firma Valentin Karlstadt«[175] nicht mehr anschließen. Jetzt erst erkennt er ihre Bedeutung für sein Leben: »Warst Du auch die letzte Zeit eine traurige Lisi, aber es war doch schön, als wir alle Tage beisammen waren, in Freud u. Leid.«[176] Doch er kommt nicht mehr an sie heran: »Ich setz mich am Tage 1 Dutzend mal am Schreibtisch und will Dir schreiben, aber nichts fällt mir schwerer als das, ich bin überhaupt noch nie Briefschreiber gewesen, *komische* Briefe, ja die fließen mir aus der Feder, aber ich kann Dir doch jetzt keine komischen Briefe schreiben, dann würdest Du gleich wieder sagen, der muss aber gut bei Stimmung sein. Traurige Briefe kann ich Dir auch nicht schreiben das wäre ja noch trauriger; vom Geschäft soll ich überhaupt gar nichts erwähnen, was soll ich Dir nun für Briefe schreiben? Schreibe ich Dir, dass ich immer zuhause bin und Trübsaal blase, ist es Dir auch nicht recht.«[177] Die räumliche Entfernung macht ihm schwer zu schaffen. Wäre er in München, fiele ihm vieles leichter. Er würde sie besuchen und versuchen mit ihr zu reden. Er könnte sich selbst von ihrem Zustand überzeugen und wäre nicht nur auf Auskünfte Dritter angewiesen – und ganz abgesehen davon müsste er dann nicht die Qual auf sich nehmen, allein aufzutreten: »Ich *trete erst dann wieder auf,* wenn Du wieder *ganz* gesund bist, – solange bringt mich *niemand mehr auf die Bühne* oder ins Atelier. Was ich diesen Monat Immer mitgemacht habe, dass werde ich in meinem Leben nicht mehr vergessen an Berlin gefesselt, und Du in München krank, dass wird mir nie mehr passieren, in jeden Vertrag kommt von nun an hinein, sobald *einer* der Darsteller krank ist, und nicht arbeiten kann fällt unsere Darbietung aus. Ein *Alleinarbeiten eines Partners* kommt *nicht* in Frage.«[178] Doch ihr Verhältnis hat seinen Zenit überschritten. Je mehr sie den Ursachen ihrer Krankheit auf den Grund geht, desto weniger will sie ihn in ihr Leben lassen. Ihre Zurückweisung trifft ihn schwer, doch er bemüht sich um ihretwillen damit zurechtzukommen: »Ich ließ absichtlich nichts von mir hören, damit Du Dich nicht an mich erinnerst, und nervös wirst.«[179] Resigniert schreibt er ihr irgendwann: »Ich hatte einen Kameraden. 1911 – 1935«.[180]

Im Februar 1936 steht Liesl Karlstadt mit Valentin erneut vor der Kamera. Sie kann nicht mit ihm, aber eben auch nicht ohne ihn. In den nächsten Wochen dreht sie, obwohl noch immer in der Klinik, die Filme »Karierte Weste«, »Beim Rechtsanwalt«, »Das verhängnisvolle Geigensolo«, »Straßenmusik« und »Die Erbschaft«. Wie wenig Karl Valentin den Ernst der Situation begreift, zeigt sich am Film »Beim Nervenarzt«. Hier spielt die nervenkranke Liesl Karlstadt allen Ernstes den Nervenarzt, während Valentin den Patienten gibt. Das Spiel mit Realität und Fiktion geht wieder los. Doch diesmal ist der Absturz gefährlich nahe.

CHRONISCH KRANK

Am 7. April 1936 wird Liesl Karlstadt aus der Klinik als »arbeitsfähig« entlassen. Hinter dem Wort »geheilt« steht in ihrer Krankenakte ein Fragezeichen. Im Mai reist sie zu Dreharbeiten nach Budapest. Sie dreht dort den Spielfilm »Mädchenpensionat«. Wieder zu Hause steht sie im Juli gemeinsam mit Valentin in den Filmen »Der Bittsteller« und »Musikal-Clown« vor der Kamera. Einen Monat später reisen die beiden nach Berlin, um dort unter der Regie von Erich Engels den Spielfilm »Donner, Blitz und Sonnenschein« zu drehen. Von Kürzertreten kann keine Rede sein, rastlos hetzt sie durch den Tag. Sofort nach Ende der Dreharbeiten geben die beiden im September 1936 ein Gastspiel im Kabarett der Komiker. Wieder daheim in München hält Liesl Karlstadt es nicht lange aus. Nach zwei Wochen packt sie die Koffer und kehrt, diesmal ohne Valentin, nach Berlin zurück: »Ich war im Oktober 14 Tage in München – bin aber seit 20. Oktober wieder hier. K.V. will nicht spielen (der faule Hund), infolgedessen habe ich Urlaub gemacht u. Du wirst lachen – den Urlaub verbringe ich hier in Berlin. Es gibt so viel schönes Theater hier – das kannst Du Dir gar nicht vorstellen – ich bekomme immer Karten von Gründgens – ach es ist so schön, ich will gar nicht mehr nach München«[181], schreibt sie an einen Freund. Sie fühlt sich wohl, reitet als passionierte Reiterin mit wachsender Begeisterung durch den Tiergarten und stürzt sich mit Elan ins kulturelle Leben der Hauptstadt. Währenddessen schreibt ihr Valentin in seltener Ehrlichkeit: »Ich laufe immer als ›Hälfte‹ in München herum.«[182] Doch seine Befürchtungen, die Partnerin ganz an die Hauptstadt zu verlieren, sind unbegründet. Denn ihre große Hoffnung auf die heilende Wirkung von Zeit und Distanz erfüllt sich nicht. Die Stimmungsschwankungen bleiben. Dazu kommen jetzt auch verstärkt körperliche Beschwerden. Ihr Körper reagiert auf die psychischen Nöte mit physischem Leiden. Zudem machen sich die Nebenwirkungen der Medikamente bemerkbar. Sie leidet unter so heftigen Magenschmerzen, dass sie an eine Blinddarm- oder Bauchfellentzündung glaubt. Und dazwischen dann immer wieder Momente, in denen sie vor Selbstbewusstsein strotzt: »Angst hab ich *gar* nicht mehr – vor gar nichts – mag kommen, was da wolle – man muss alles mitmachen.«[183] Dies sind die seltenen Augenblicke, in denen ihr auch die ewige Furcht vor Kritik und Versagen egal sind: »Die Münchener Kritiken sind meistens mau für mich. Darüber bin ich hinweg – Kritiker können mich am Arsch lecken.«[184] Ihre Tage bleiben ein ständiger Wechsel zwischen Himmelhoch jauchzend und zu Tode betrübt: »Die Stimmung ist nicht besonders – ich bin irgendwie sehr bedrückt u. traurig – werde bald wieder nachhause fahren. Habe auch hier nicht die ausgleichende Ruhe gefunden, aber es wird schon wieder werden.«[185]

Im Januar 1937 kehrt sie nach München zurück. Nach langer Abstinenz tritt sie wieder einmal mit Valentin im Kabarett Benz

Liesl Karlstadt und Karl Valentin im Salvatorkeller, 1938

auf. Bis zu ihrer Schließung im Januar 1939 wird diese Bühne ihre künstlerische Heimat bleiben. Im Mai 1937 begibt sich Liesl Karlstadt erneut für zwei Monate in die Klinik. Diesmal hält sie sich an den Rat ihrer Ärzte und tritt nicht sofort wieder auf. Stattdessen fährt sie zusammen mit ihrer Schwester im Juli 1937 nach Wegscheid bei Lenggries. Sie leidet unter schweren Schlafstörungen, die sie mit Schlaftabletten bekämpft. An Valentin schreibt sie: »Ich frette mich so durch hier. (…) Manchmal bin ich sehr traurig.«[186] Doch lange hält es sie nicht auf dem Land. Sie will wieder arbeiten. Im August 1937 beginnen die beiden mit Plattenaufnahmen ihrer Stücke, die erst 1941 abgeschlossen sein werden. Dazwischen spielt sie Theater, am Gärtnerplatz und im Volkstheater. Und sie ist verstärkt im Bayerischen Rundfunk zu hören, zum Bespiel im Februar 1938 in der »Fledermaus«. Im Herbst 1938 fährt sie zur Erholung nach Bad Tölz. Die Spannungen zwischen ihr und Valentin sind gewachsen. Dennoch kommt er nach Tölz, um sie zu sehen: »Ich kann Dir gar nicht sagen wie

Du mir leid getan hast, als ich Dich bei der Abfahrt so allein auf der Straße stehen lassen musste, ich hätte schreien können vor Erbarmen und ich wäre am liebsten noch mal umgekehrt und hätte Dich mitgenommen.«[187] Es wird sein einziger Besuch bleiben. Er würde gerne wiederkommen, doch Liesl Karlstadt wühlt sein Besuch so auf, dass sie sich alle weiteren Besuche verbittet. All seine Annäherungsversuche scheitern kläglich: »Amalie hat mir gesagt ich sollte auf keinen Fall mehr nach Tölz fahren zu Dir, Du *willst es nicht haben.* Aber ich *muss* Dich (...) wieder einmal sehen.«[188]

Liesl Karlstadts Leben spielt sich auch weiterhin zwischen Bühne und Krankenhaus ab. Denn auch wenn sie sich alle Mühe gibt, bleibt sie doch den Grenzen unterworfen, die ihr die Krankheit setzt. Ob sie auftreten kann, ist von der Tagesform abhängig. Ihr Leben wird immer weniger planbar – für eine Künstlerin, die Verträge zu erfüllen hat, eine Katastrophe, ebenso für alle, die mit ihr arbeiten sollen.

Am 23. April 1939 erkrankt Liesl Karlstadt während eines Gastspiels mit Valentin in Augsburg so schwer, dass sie nicht mehr auftreten kann. Bis Juni liegt sie in Augsburg in einer Klinik. Valentin holt nun Anne-Marie Fischer als Ersatz an seine Seite. Keine Rede mehr davon, dass einer ohne den anderen nie mehr wieder auftreten wird. Wie hatte er ihr ein paar Jahre zuvor noch geschrieben? »Sobald einer der Darsteller krank ist und nicht arbeiten kann fällt unsere Darbietung aus. Ein Alleinarbeiten eines Partners kommt nicht in Frage.«[189] Und jetzt ausgerechnet Anne-Marie Fischer, die Frau, die Liesl Karlstadt schon privat so zusetzt. Man mag sich gar nicht vorstellen, wie dies auf die psychisch Angeschlagene gewirkt haben muss. Fischer hingegen stilisiert sich in ihren Memoiren zur Retterin der Situation hoch und schildert Liesl Karlstadt als bösartige Hypochonderin: »Vierzehn Tage lang hielt es Liesl Karlstadt im Krankenhaus aus. Ihr ›Zustand‹ hatte sich rapide verschlechtert in dem Augenblick, da sie von meinem Erfolg hörte. Es muss ein harter Schlag für sie gewesen sein, als sie erkannte, dass die Frau, der Karl Valentin sein Herz geschenkt hatte, ihr jetzt auch den Platz als seine Partnerin streitig zu machen drohte. (…) Sie hatte es nicht verwunden, dass ich meine Premiere in Augsburg mit Gloria und Glanz bestanden, dass Valentin plötzlich ein junges Allroundtalent neben sich hatte, dem von der Kritik obendrein bestätigt worden war, dass es als Chansonsängerin weitaus besser sei als Liesl Karlstadt.«[190]

Einen Monat später eröffnet Valentin mit Anne-Marie Fischer, die nun hochoffiziell seine neue Bühnenpartnerin ist, die »Ritterspelunke«, eine Mischung aus Kellerkneipe, Kabarett und dem alten Panoptikum. Liesl Karlstadt trifft es bis ins Mark, dass Anne-Marie Fischer jetzt auch auf der Bühne ihren Platz einnimmt. Diese lässt das kalt: »Die Karlstadt fiel von einer hysterischen Simulation in die andere. Sie verließ sich auf die, wie sie glaubte, bewährten alten Mittel: Selbstmordvortäuschungen, Wutausbrüche und vermeintliche Krankheiten. Auf diese Weise wollte sie Karl Valentin zwingen, ständig an ihrem Krankenbett zu erscheinen. (…) Liesl Karlstadts größter Fehler: Sie hat nie begriffen, dass Valentin ein Naturereignis war, ein Genie, mit dem sie nicht so umspringen konnte wie mit einem kabarettistischen Hampelmann. Und außerdem wollte sie nicht einsehen, dass sie Karl alles verdankte. Sie war sein Werkzeug, ohne ihn hätte sie nichts werden können.«[191]

Liesl Karlstadt ist seelisch zu verwundet, als dass sie sich wehren kann. Dazu kommt, dass die Öffentlichkeit nicht erfahren soll, was mit ihr los ist. Sie muss sich verstecken, ohne ihre Krankheit thematisieren zu können. Nach außen hin hält sie die Fassade der fröhlichen Münchener Komikerin aufrecht, selbst als ihr Leben längst in Scherben liegt. Bis weit nach ihrem Tod wird über ihre Krankheit und ihren Selbstmordversuch geschwiegen. Noch in den 50er-Jahren schreibt Theo Riegler in seinem Buch über Liesl Karlstadt kryptisch, dass ein Nervenzusammenbruch »sie zu einer unbesonnenen Handlung veranlasste«.[192] So lange sie lebt, weiß nur ihre unmittelbare Umgebung, welch traurige Komödiantin sie in Wahrheit ist.

*»Anständige Menschen lernt ma
überhaupts nimma kenna«*
(Liesl Karlstadt)

7 Mulitreiber der Bayerischen Gebirgsjäger und Obergefreiter Gustav *oder* wie man mitten im Sturm die Ruhe findet ...

AUF NACH TIROL

Im August und November 1940 absolvieren Liesl Karlstadt und Karl Valentin ihre letzten gemeinsamen Bühnenauftritte im Deutschen Theater in München. Dann verschwindet das legendäre Paar für sieben lange Jahre von der Bühne. Einzig zu Film-, Rundfunk- und Plattenaufnahmen finden sie noch zusammen. Im Dezember 1940 spielt Liesl Karlstadt äußerst erfolgreich in der Revue »Münchner G'schicht'n« nach Theo Prosel in Adolf Gondrells Bonbonniere. Karl Valentin gratuliert ihr zur Premiere mit einem Gedicht:

> *Deutsche Blumen sende ich*
> *In die Bonbonäre*
> *Denn wie Du ja selber weißt*
> *Hast Du heut Prämiäre*
> *Und als Partner muss ich Dich*
> *Pflichtgemäß glückwünschen.*

© 2007 Piper Verlag GmbH, München, aus: Sämtliche Werke, Bd. 6, S. 158

Sie freut sich auf ihren Auftritt, fühlt sich allerdings erneut unwohl. Starke Magenschmerzen plagen sie. Doch sie hält tapfer durch, auch um des Ensembles willen. Etwa zur gleichen Zeit schließt Karl Valentin die Ritterspelunke. Seine und Anne-Marie Fischers berufliche Wege trennen sich. 1942 wird er das Lokal verpachten und sich mit seiner Familie nach Planegg zurückziehen. Er versucht sich wieder in seinem alten

Beruf als Schreiner, doch es gelingt ihm nur schlecht, die Familie über Wasser zu halten. Die Bühne meidet er in den nächsten Jahren. Seine Grotesken passen nicht in die Zeit und zudem fehlt ihm die richtige Partnerin für seine Auftritte. Außerdem vergeht er fast vor Angst vor den Bomben, die auf München herunterhageln. Bei einemAngriff wird seine geliebte Wohnung am Mariannenplatz völlig zerstört. Das Heulen der Sirenen, die Bombeneinschläge, die Pflicht zur Verdunklung und die Stunden im Luftschutzkeller sind Gift für seine Nerven, die ihn doch schon im Frieden so oft im Stich ließen. Er wagt sich nur mehr selten nach München hinein. Aus dem ehemaligen Spitzenverdiener wird ein armer Mann.

Liesl Karlstadts Gesundheit ist Anfang 1941 so angegriffen, dass sie eine Auszeit nehmen muss. Sie folgt dem Rat ihres Arztes und fährt im Februar 1941 zur Kur. Die Frage nach dem Wohin hat sich per Zufall gelöst. Der Pianist des Simpl, Magnus Henning, lädt sie in seine Wohnung nach Ehrwald in Tirol ein. In Begleitung von Gustav Gründgens' Chefdramaturg Rolf Badenhausen, einem alten Freund, mit dem sie schon öfter in den Bergen war, reist sie dorthin. Noch ahnt sie nicht, dass aus den geplanten acht Tagen zwei Jahre werden.

In Ehrwald angekommen, muss Liesl Karlstadt strenge Diät halten, um ihre Magenprobleme auszukurieren. Griesbrei, Kartoffelbrei und Haferflocken stehen auf dem Speiseplan, der der leidenschaftlichen Genießerin ganz und gar nicht zusagt. Doch sie fügt sich, denn sie plant, so rasch als möglich Rolf Badenhausen auf seinen Bergtouren zu begleiten. Tatsächlich geht es ihr von Tag zu Tag besser. Die gute Luft, die Berge, die Ruhe, endlich kann sie frei atmen: »Am liabsten taat i für immer hierbleiben. (...) So a Luft wie hier hab i scho lang nimmer grochen! Wann d' Sonn' so herscheint und die weißen Wolken am Himmel ziehn, könnt ma beinah glauben, dass auf der ganzen Welt Frieden is«[193], meint sie. Nicht lange nach ihrer Ankunft bricht sie gemeinsam mit Badenhausen in die Berge zum Wandern und Skilaufen auf. Valentin, der allein in München zurückgeblieben ist, vermisst sie schmerzlich: »Wieder ein langweiliger Sonntag, es ist zum Verzweifeln. Mich freut gar nichts mehr.«[194]

Die Korrespondenz der beiden reißt auch in den nächsten Jahren nie ab, doch so häufig er schreibt, so selten schreibt sie zurück: »Immer das Gleiche. Mit dem sehnlichsten Wunsche dass Du bald wieder gesund bist grüßt Dich Dein Partner K. Valentin. Warum schreibst Du so selten«?[195] Ihr langes Schweigen wird immer wieder Thema seiner Briefe sein.

Bei ihren Touren hinauf auf die Ehrwalder Alm zum Gasthof Alpenglühen begegnen ihr immer wieder zwei Soldaten der Bayerischen Gebirgsjäger mit ihren Mulis. Die Tiernärrin Liesl Karlstadt ist fasziniert von den schlauen Tieren. Interessiert bleibt sie stehen, lässt sich in so manches Gespräch verwickeln. Es dauert nicht lange, da wird sie von einem der Soldaten an ihrer Stimme erkannt. Er lädt die berühmte Schauspielerin zu einem Besuch in der Diensthütte der Gebirgsjäger auf die Ehrwalder Alm ein. Sie nimmt freudig an und besucht gemeinsam mit Badenhausen die Hütte, in der eine Nachrichteneinheit der Gebirgsjäger stationiert ist. Nun lernt Liesl Karlstadt auch den Rest der Truppe und die Mulis kennen. Sie weiß kaum zu sagen, was sie mehr begeistert: die schöne Alm oder die sanften Tiere. Es muss Liebe auf den ersten Blick gewesen sein, denn als Rolf Badenhausen nach Berlin zurückfährt, bleibt Liesl Karlstadt da. Sie verlässt Ehrwald und zieht auf die Alm in den Gasthof Alpenglühen. Dieser liegt nur wenige Meter von der Diensthütte entfernt und gestattet ihr einen engen Kontakt mit den Soldaten und den Mulis. Abend für Abend sitzt man nun gemeinsam im Gasthof am Stammtisch. Die Soldaten sind begeistert von ihrer prominenten Bekanntschaft, und lustig ist es mit Liesl Karlstadt immer. Die Kunst der Unterhaltung beherrscht sie wie keine zweite. Zum ersten Mal seit Jahren kommt ihre Fröhlichkeit von Herzen. Es geht ihr gut und das liegt vor allem an den Tieren. Sie hat sich unsterblich in ein Muli namens Panther verliebt. Wenn sie keine Wanderungen unternimmt, schleicht sie sich in den Stall und beobachtet die Gebirgsjäger beim Umgang mit den Tieren. Bald darf sie selbst Hand anlegen und erweist sich dabei als so geschickt, dass ihr am 27. Februar der Mulitreiber-Führerschein mit Dienstsiegel verliehen wird: »Das Frl. Liesl Karlstadt hat am heutigen Tage trotz Sonnenschein die Mulitreiber-Prüfung auf der Geraden und am Steilhang mit der Note ›hervorragend‹ bestanden. Sie ist damit bis auf Widerruf berechtigt, fiskalische und andere Muli in jedem Gelände, bei Tag und bei Nacht, zu führen.«[196]

OBERGEFREITER GUSTAV

Noch einmal verändert sich ihr Leben grundlegend, ein letztes Mal ändert sie ihren Namen. Aus Liesl Karlstadt wird der Hilfstragtierführer Gustav. Ehrgeizig und fleißig wie sie ist, schafft sie innerhalb kürzester Zeit »auf Grund ihrer wachsenden Verdienste um die Mulipflege«[197] die Beförderung zum Gefreiten. Sie schlüpft erneut in eine Hosenrolle, doch diesmal ist ihre Bühne nicht im Theater, sondern auf einer Alm in Tirol. Und diesmal zieht sie die Hosen nach Ende der Vorstellung auch nicht mehr aus. Sie schlüpft voll und ganz in die Rolle des Gefreiten Gustav. Die kranke, depressive Liesl Karlstadt lässt sie hinter sich. Gefreiter Gustav wird zur Rettung aus Krankheit und Ängsten, die Hosenrolle verhilft ihr ein weiteres Mal zur Flucht.

Mit Unterbrechungen bleibt die begeisterte Bergsteigerin und Skifahrerin insgesamt zwei Jahre bei den Gebirgsjägern. Genau wie früher findet sie großen Spaß an der Verwirrung der Geschlechter und neckt Burschen und Mädchen gleichermaßen: »Obwohl ich bestimmt keine Uniformfigur habe, hab ich's am eigenen Leib erlebt, welcher Zauber eine Uniform auf gewisse Mädchen ausstrahlt. Dabei hab ich nur eine blaue Zimmermannshose angehabt und dazu eine zwetschgenblaue Sportbluse mit dem Gefreitenwinkel und dem Gebirgsedelweiß. Um die Hüfte hab ich mir einen Ledergürtel mit einer Messingschließe geschnallt.«[198] Natürlich trägt sie keine echte Uniform, sondern eine Fantasieuniform, zusammengewürfelt aus Zivilkleidung und abgelegten Uniformteilen.

Die Alm wird zu ihrem neuen Lebensmittelpunkt. Hier tut sie in Männerkleidung Dienst bei der Deutschen Wehrmacht. In späteren Interviews betont sie ausdrücklich, dass es weder die Faszination für Uniformen noch die Begeisterung für den Krieg gewesen sei, die sie zu den Gebirgsjägern hingezogen

Der einzige weibliche Mulitreiber der Bayerischen Gebirgsjäger

habe. Und tatsächlich, Liesl Karlstadt zeigt niemals Affinität zum Nationalsozialismus und lässt sich nie vor den Propagandakarren der Nazis spannen. Für sie stehen Tiere, Natur, Kameradschaft und Gesellgkeit im Vordergrund. In Ehrwald ist der Krieg weit weg.

So naiv und realitätsfern dies wirkt, man darf nie vergessen, dass Liesl Karlstadt eine Meisterin im Verdängen ist. Jahrelang hat sie ihre eigenen Bedürfnisse verdrängt, jetzt verdrängt sie die politische Wirklichkeit. Spätere Schilderungen aller Beteiligten dort oben auf dem Berg klingen, als ob sie an einem Ausflug der Wandervögel teilgenommen hätten. Selbst als viele Gebirgsjäger nach Russland an die Front verlegt werden, bleibt die Fröhlichkeit droben auf dem Berg zumindest vordergründig bestehen.

Im Dorf unten bleibt das Treiben auf dem Berg nicht unbemerkt. Eine Frau soll sich oben bei den Soldaten aufhalten. Die Gerüchteküche brodelt. Es soll die berühmte Schauspielerin Liesl Karlstadt sein. Kann das wirklich sein? Vermutlich handelt es sich um eine Hochstaplerin. Die Unruhe wächst. Schließlich sieht sich Kompaniechef Willi Schleif gezwungen, persönlich nach dem Rechten zu sehen. Als Liesl Karlstadt von seiner bevorstehenden Visite erfährt, erschrickt sie. Umgehend ist sie bereit, ihre Verkleidung aufzugeben und alle Schuld auf sich zu nehmen. Doch so weit kommt es nicht. Denn obwohl es strafbar ist, eine Zivilperson als Mulitreiber einzusetzen, ist Willi Schleif so begeistert vom einzigen weiblichen Mulitreiber der Bayerischen Gebirgsjäger, dass er Liesl Karlstadt, anstatt Meldung zu machen und dem Treiben eine Ende zu setzen, zum Obergefreiten befördert – hochoffiziell. Von nun an adressiert selbst Karl Valentin seine Briefe an »Obergefreiter Gustav Karlstadt«.[199]

Alle Beteiligten lassen sich mit dieser Posse auf ein gefährliches Spiel ein. Die Gefahr, dass Liesl Karlstadts Auftritt als Obergefreiter Gustav als Verhöhnung der Wehrmacht interpretiert wird, schwebt wie ein Damoklesschwert über ihr. Einmal steht das Ganze tatsächlich Spitz auf Knopf, als sie in Ehrwald vor dem Bäckerladen von einem preußischen Offizier aufgegriffen wird. Sie hat Muli »Panther« bei sich und trägt ihre Fantasieuniform. Der Offizier ist außer sich und zeigt sie wegen Verunglimpfung der Wehrmacht an. Doch Willi Schleif gelingt es dank seiner guten Kontakte, die Weitergabe der Meldung zu unterdrücken. Sie hat noch einmal Glück gehabt. Dabei fürchtet sie nicht so sehr die Strafe, als das Ende ihrer Zeit auf der Ehrwalder Alm. Die wenigen Male, die sie die Alm verlässt, um in München Theater zu spielen, freut sie sich schon beim Abschied auf ihre Rückkehr. Als ordentliches Mitglied der Bayerischen Gebirgsjäger reicht sie für derlei Auftritte in München hochoffiziell einen Urlaubsantrag beim Hüttenwart ein. Der gewährt ihr »dringende Feld-Theater oder Feld-Film-Abstellung«. Von April bis August 1941 gibt sie die Witwe Graf in Carl Borro Schwerlas Erfolgskomödie »Graf Schorschi«. Nach Ende der Spielzeit kehrt sie umgehend nach Ehrwald zurück. Hier erwartet man sie bereits sehnsüchtig. Der Krieg hat zwischenzeitlich auch die Alm erreicht. Die meisten Soldaten, die sie kannte, sind im Kaukasus, neue Gesichter sitzen jetzt am Tisch.

Unmittelbar nach ihrer Rückkehr aus München wird Liesl Karlstadt voll und ganz »Landser unter Landsern«. Sie schlägt

Obergefreiter Gustav auf der Alm in Ehrwald in Tirol, 1942

ihr Quartier nicht mehr im Gasthof Alpenglühen auf, sondern zieht in die Diensthütte. Hier übernimmt sie das einzige Offizierszimmer. An ihrer Zimmertüre wird gar ein Namensschild mit Dienstbezeichnung angebracht. Karl Valentin ist über diese Entwicklung alles andere als erfreut: »Deine *Karte* soeben erhalten, bitte schicke mir *wieder* so eine aber bezeichne das Haus wo Du wohnst, denn da kann ich Dich nicht besuchen, die Berge – der viele Schnee diese Einsamkeit, dann *lieber* in Neujork.«[200]

Liesl Karlstadt lebt jetzt als einzige Frau unter lauter Männern. Die Gebirgsjäger werden ihre neue Familie. Wie viele Soldaten es genau sind, ist unklar. Ausgerichtet ist die Hütte für rund 100 Soldaten, doch so viele sind es nicht. Man fragt sich unwillkürlich, ob es niemals zu Spannungen kam. Doch Liesl Karlstadt hat in späteren Interviews immer wieder betont, es hätte keinerlei Übergriff gegeben. Mag sein, dass sie aufgrund ihres Alters so etwas wie die Mutter der Kompanie ist, doch auch die eine oder andere Romanze ist nicht auszuschließen. Im Übrigen beherrscht sie die Hosenrolle so perfekt, dass sie ihr wohl tatsächlich Schutz vor Übergriffen bietet. Die Soldaten sehen sie nur in Uniform, also als Mann. Damit dies so bleibt, hält sie sich an ein paar Vorsichtsmaßnahmen. Da es nur einen Waschraum gibt, steht sie stets als erste auf, um sich zu waschen. Das Wasser ist eiskalt, von Komfort kann keine Rede sein. Doch wenn das Stadtkind Liesl Karlstadt in ihre dicken Hosen und Jacken schlüpft und die derben Stiefel anzieht, dann ist sie glücklich. Dann sind die Sorgen der Liesl Karlstadt weit weg. Dafür nimmt sie derlei Unbequemlichkeiten gerne in Kauf und lässt selbst beim Gang auf die Toilette Vorsichtsmaßnahmen walten. Ehe sie eintritt, klopft sie an die Tür: »Wenn ich glücklich drin war, hab ich immer gespitzt, ob die Tür geht. Wenn ich wen hab husten oder sich räuspern hören, bin ich so lange drin geblieben, bis alles still war. Einmal ist einer barfuss hereingekommen, so dass ich ihn nicht gehört hab. Das war mir riesig peinlich, weil es ausgerechnet ein Fremder war. So schnell bin ich noch zu keiner Tür hinausgesaust.«[201] Letztlich hat der Hüttenwart ein Einsehen und lässt einen Riegel an der Tür anbringen.

Im Nachhinein ist es unfassbar, dass sie tatsächlich so lange dort oben als Soldat leben konnte. Es heißt, sie habe gar ein eigenes Soldbuch geführt und Feldpostbriefe unter dem Namen Stabsgefreiter Gustav bekommen. Dafür teilt man ihr eine eigene Feldpostnummer zu. Was für ein Theater – und das mitten im Krieg! Da ist eine Frau, die alles karikiert, wofür das Deutsche Reich steht. Eine Frau, die Militarismus, Soldatenkult und alles Männerbündische ad absurdum führt. Eine Frau, die sich offenbar nicht im Geringsten um das simple Frauenbild der Nazis schert: die deutsche Frau und Mutter mit Haarkranz und hochgeschlossener Bluse, immer bereit, dem Führer neue Soldaten zu schenken. Ihre Rolle als Obergefreiter Gustav wirkt angesichts der NS-Geschlechterstereotype geradezu subversiv. Doch niemand scheint sich daran zu stören.

Die Frau im Dritten Reich

Da Hitler zur Umsetzung seiner Großmachtfantasien Soldaten benötigte, wurden Frauen aus dem Erwerbsleben gedrängt und zu Gebärmaschinen degradiert. Im Rahmen des Gesetzes zur Verminderung der Arbeitslosigkeit wurde ein Ehestandsdarlehen ins Leben gerufen. Zwischen 1933 und 1937 erhielten etwa 800 000 Paare jeweils bis zu 1000 Reichsmark, ein Vielfaches des durchschnittlichen Monatsverdienstes. Finanziert wurde dieses Projekt durch die Ehestandshilfe, auch »Junggesellensteuer« genannt, die 1933 für Ledige eingeführt wurde. Bedingung für das Darlehen war jedoch, dass eine vormals erwerbstätige Ehefrau ihren Beruf aufgab. Jedes gesund geborene Kind verminderte die Darlehensschuld um ein Viertel. Daneben wurden Kindergelder und Kinderbeihilfen, Steuerfreibeträge sowie Strafsteuern für kinderlose Ehepaare eingeführt. Die NS-Frauenschaft bot Bräute- und Mütterschulungen, Hausfrauen- und Kinderpflegekurse an. Verhütung und Abtreibung standen unter Strafe. Aus der deutschen Frau wurde die deutsche Mutter, die je nach Kinderzahl mit dem Mutterkreuz in Bronze, Silber oder Gold ausgezeichnet wurde. Ab dem 9. Kind übernahm ein ranghoher NS-Funktionär die Patenschaft, in vielen Fällen war dies sogar der Führer persönlich. Propagandistische Feierlichkeiten zum Muttertag machten aus der Mutterschaft ein Politikum und eine gesellschaftliche Aufgabe. Vorzeigefrau der Nazis war die Reichsfrauenführerin Gertrud Scholtz-Klink. Die ranghöchste Frau des Dritten Reiches hatte elf Kinder und galt mit ihrer hochgeschlossenen Hemdbluse und dem strengen Haarkranz als die personifizierte Mutterschaft. Höhere Beamtinnen und Akademikerinnen drängten die Nazis systematisch aus ihren Berufen, indem sie eine Versetzungssperre für Frauen auf höhere Positionen einführten und Frauen, die solche Positionen bereits bekleideten, entließen oder herabstuften. Schuldirektorinnen verloren ihre Stellung ebenso wie Ärztinnen ihre kassenärztliche Zulassung. Richterinnen und Anwältinnen wurde Berufsverbot erteilt, die Habilitation war nicht mehr möglich. 1933 wurde ein Numerus Clausus für Frauen eingeführt, der den Anteil weiblicher Studenten auf zehn Prozent beschränken sollte. 1934 durften von 10 000 Abiturientinnen nur mehr 1500 studieren. Erst als während des Krieges die Hörsäle immer leerer wurden, stieg der Anteil der Studentinnen wieder.

Doch Liesl Karlstadt lebt sich voll und ganz in ihre Rolle hinein. Sie nimmt sogar an einer Hochgebirgsübung der Gebirgsjäger teil. Dabei sollen 25 Mulis vorschriftsmäßig bepackt von Oberammergau auf die Ehrwalder Alm gebracht werden. Die Wegstrecke, die zurückzulegen ist, beläuft sich auf mehr als 45 Kilometer. Anfangs herrschen durchaus Zweifel, ob Gustav diesen körperlichen Strapazen gewachsen ist. Doch Liesl Karlstadt lässt sich nicht abhalten, und siehe da, mit ihrer Zähigkeit überrascht sie alle. Nachdem sie einem etwas schwächlichen Rekruten heimlich sogar Gewehr und Kabelspule trägt, mutiert sie zur Heldin des Tages.

Ausgerechnet bei den Soldaten findet die Schauspielerin Zuflucht vor dem Krieg. Trotz der weltpolitischen Lage werden es glückliche Jahre für Liesl Karlstadt. Sie wandert, fährt Ski, hackt Holz, kocht und ist der Liebling der Truppe. Und bald ist die 52-Jährige wieder so vergnügt wie einst als junge Soubrette bei ihrem ersten Auftritt im »Frankfurter Hof«. Hier oben auf der Alm ist alles weit weg – Politik, Bomben und Karl Valentin. Das Verhältnis der beiden kühlt weiter ab, wie ihr zwar freundschaftlicher, aber durchaus abgeklärter Brief zu dessen 60. Geburtstag zeigt: »Zum 60. Geburtstag gratuliere ich und wünsche Dir alles Gute – Gesundheit und viele schöne Jahre. Möge Dir alles in Erfüllung gehen, was Du Dir selber wünschst!« Unterzeichnet ist er mit »Deine Partnerin Liesl Karlstadt«[202]. Zu seinem 50. Geburtstag hatte sie ihm bei seiner Geburtstagsfeier noch ein Gedicht vorgetragen:

Liesl Karlstadt während des Krieges als Obergefreiter Gustav bei einer Hochgebirgsübung

*(...) schnall jetzt Deinen 50ger Muckl
mit lachendem Gesicht am Buckl
Und gehe stark und schnurgerad
die 2. Hälfte Lebenspfad. –
Und ich geh wieder mit als Freund
doch nicht nur wenn die Sonne scheint
nein – wenns auch wettert, tobt und schütt –
i bring dann schon an Regnschirm mit.[203]*

Diese Zeiten sind vorbei. Es ist nicht mehr ihre Aufgabe, allen Unbill von ihm fernzuhalten. Dennoch wünscht sie ihm das Beste. Sie hat ihren Frieden mit Valentin gemacht.

In den nächsten Jahren tritt sie weiter vereinzelt im Theater auf und dreht Filme. Im Juli 1941 spielt sie Ludwig Thomas »Die Dachserin«, 1942 und 1943 verkörpert sie erneut die Frau Graf auf verschiedenen Gastspielreisen durch Süddeutschland.

Im Mai 1943 steht sie in ihren Originalszenen im Deutschen Theater im Kolosseum auf der Bühne. Von Januar bis zum 13. Juli 1944 ist sie im Volkstheater in »Die drei Jungfrauen von Orleans« zu sehen, dann fällt das Volkstheater den Bomben der Alliierten zum Opfer. Theater spielt sie von nun bis zum Ende des Krieges nicht mehr. Im Juni 1941 dreht sie »Alarmstufe V«, im Oktober 1942 reist sie nach Prag für den Film »Peterle«. Im Januar ist sie erneut in Prag, um den Film »Die Reise in die Vergangenheit« zu drehen. Im Februar 1943 wirkt sie in »Man rede mir nicht von Liebe« und im November 1943 in »Das Konzert« mit.

Doch die Karriere, die ihr nun wirklich wichtig ist, findet abseits des großen Publikums statt. Aus dem Obergefreiten Gustav wird schließlich der Stabsgefreite Gustav. Willi Schleif, nun schon Major, befördert Liesl Karlstadt per Feldpostbrief aus Russland. Dieser ist im Stil eines Filserbriefes abgefasst, und löst großes Gelächter aus: »Liper Obergefreider! Kürzlich hap ich dich am radioh spuin hörn, aper du warst nücht so guat wia sunst weil dei Bartner a Flaschen war, der Haderlump, der mistige! ... Wennst wieder befürdert wer'n willst, nacha schreipst deim schäf, aper sunst nicht, bal er jetza gar nimmer in Labbland bei den Fihnen is, sondern im Osten am Ilmensee, der wo gar niemals nicht so schön is wie der Starnbergersee und so an schiachen winder mit vui Schnä und a Saukält' hammer au kappt, die Ruhsen hapen ins au nia a Ruah glasen!«[204] Voller Begeisterung schreibt Liesl Karlstadt zurück: »Wia die Mulitreiber Eahnanen Luftfeldpostbrief bracht ham, hat's uns direkt am Arsch hig'haut vor lauter Freud'! Da ich ein Münchner Urviech bin, basserten mir zwoa ganz guat zsamm'. (...) Ihrem großen Weitblick habe ich laut Urkunden-Auszeichnung entnommen, dass Sie in mir einen zweiten Jungfrau von Orlehans entdeckten. Sie taaten mi gar nimma kenna, so hat's mir mei Heldenbrust zammg'haut. An Stelle der früheren Rundungen kann man jetzt nur noch von Nischen sprechen!«[205] Und sie bittet ihn: »I sag' Eahna was, schiassen S' do a bisserl schneller, dass der Krieg eher aus is'! Sie brauchen koa Angst ham, dass Sie hernach brotlos wärat'n, denn Sie ham mir armen Teufel aa schon oft aus der Not g'holfen, deswegen laß i Eahna, wenn's soweit is, aa g'wiß net hänga, sondern mir genga miteinander als Ahtragzion auf d' Oktoberfestwies'n und lass ma uns ausstell'n, nacha san mir erstens auf die Firma Hitler u. Co. nicht mehr angewiesen und verdeana an Haufen Geld!«[206] Liesl Karlstadt gehört zu denjenigen Deutschen, denen die »Firma Hitler u. Co« weder Respekt noch Furcht einflößt. Derart despektierlich in einem Brief an die Front über den Führer zu schreiben, obwohl anzunehmen ist, dass der Brief geöffnet wird, zeugt von einiger Chuzpe.

Mit Willi Schleif verbindet Liesl Karlstadt eine besonders enge Freundschaft. Als dieser wenig später Urlaub erhält, verbringt er diesen auf der Ehrwalder Alm, wo ihn Liesl Karlstadt mit einem Willkommensständchen auf ihrer Klarinette überrascht. Während seines Urlaubs unternehmen die beiden viele Wanderungen, bei denen Liesl Karlstadt immer ihre Klarinette mitnimmt, um bei der Rast auf einer Wiese Musik zu machen.

Leider gehen die romantischen Stunden bald zu Ende. Als die Bombenangriffe auf die bayerische Hauptstadt zunehmen, kehrt Liesl Karlstadt aus Sorge um ihre Schwester, die noch immer in der gemeinsamen Wohnung in der Maximilianstraße lebt, 1943 nach München zurück. Valentin ist alles andere als begeistert davon: »Du bleibst wo Du bist, Du weißt wahrscheinlich nicht wie es in München zugeht – die meisten Münchner verlassen schon die Stadt.«[207] Doch sie kehrt schließlich doch nach Hause zurück.

Die Gebirgsjäger aber vergessen ihren Gustav nie. Und sie rechnen es ihr hoch an, dass sie sich auch nach dem Krieg zu ihrer Zeit auf dem Berg bekennt. Verschiedentlich wird sie zu Treffen eingeladen: »Daß d'as woaßt, mir Jaga ham Pfingstsonntag Appöl und Du kimmst aa! Um zehne is Feldgottesdienst, um zwölfe samma im Hofbräuhaus. Schreib ma, wann i Di abholn soll, I kimm füri g'fahrn mit inserne Muli-g'schbann. Wirst schaung wia d' Jaga narrisch wern, balst kimmst! Bolitik treib'n ma net, aba auf geht's wirst seng.«[208]

An ihrem 65. Geburtstag wird sie von ihren ehemaligen Kameraden zum Oberleutnant der Gebirgsjäger der Ehrwalder

Alm ernannt: »Wir haben keinen Zweifel, dass der Bundesverteidigungsminister Franz Josef Strauß, mit dem Sie ja heuer auf dem Oktoberfest ernste Besprechungen führten (Techtelmechtel?) voll einverstanden ist.« [209]

»DIE DEUTSCHE LAUGENBRETZEL«

Liesl Karlstadt ist während der Jahre des Nationalsozialismus nie durch offene Gegnerschaft zum Dritten Reich aufgefallen. Dabei gibt es aus ihrer Feder einen Text, »Die deutsche Laugenbretzel«, in dem sie die ganze Irrationalität der nationalsozialistischen Ideologie schonungslos offenbart. Er findet sich viele Jahre nach ihrem Tod in ihrem Nachlass und wird erstmalig 1982 in der Valentin-Biografie von Michael Schulte veröffentlicht. Schulte fand den Text in den Unterlagen, die ihm Valentins Tochter Bertl Böheim überlassen hatte. Heute gilt er als verschollen. Er befindet sich weder in den in Köln und München verstreuten Nachlässen der beiden Komiker, noch im Archiv des Piper Verlages im Deutschen Literaturarchiv in Marbach. Die meisten Biografen Karlstadts haben den Text von Schulte übernommen. Einzig Volker Kühn hat den Text 1989 für sein Buch »‹Deutschlands Erwachen› – Kabarett unterm Hakenkreuz 1933–1945« selbst eingesehen. Er ging dabei einem Hinweis Reinhard Hippens nach, der den Text zunächst Valentin zugeordnet hatte, sich dann aber korrigierte. Obwohl die Urheberschaft Karlstadts gerade bei Anhängern Valentins umstritten ist, ordnen sowohl Schulte als auch Kühn den Text eindeutig Liesl Karlstadt zu. So lange dies durch Einsicht in das Originaldokument nicht widerlegt werden kann, gibt es keinen Grund, diese Einschätzung anzuzweifeln. Ob der Text jemals zur Aufführung gelangte, ist nicht sicher. Er zeigt jedoch, dass Liesl Karlstadt sich als Gegnerin des Dritten Reiches verstand, die das Pathos der Hitlerreden ins Absurde führt:

Volksgenossen und Volksgenossinnen!
Wiederum hat es sich gezeigt, dass der Nationalsozialismus nicht nur zur Erhaltung, sondern auch zur Ernährung des Volkes dient. Es gab einmal eine Zeit, in der das gesamte deutsche

Volk von der Existenz einer Laugenbretzel noch nicht die geringste Ahnung hatte. Ich wusste, was es bedeutete, einen ohnmächtigen Kampf um die deutsche Laugenbretzel auf mich zu nehmen. 14 Jahre lang habe ich gekämpft, und Gott der Allmächtige wollte es, dass ich wie immer als Sieger hervorging. Es war in den bitteren Jahren der Systemzeit, als ein internationales Juden- und Verbrechertum den Absatz der deutschen Laugenbretzel zu vernichten drohte, und wiederum waren es einige mutige, tapfere, beherzte Männer, die die Kultur der Laugenbretzel hinaustrugen in alle deutschen Gaue, und der Erfolg davon war ein einzigartiger Siegeszug der bisher verachteten Laugenbretzel. Die deutsche Laugenbretzel ist nicht nur gesund, sie ist auch bekömmlich – dem deutschen Arbeiter, dem deutschen Bauern, dem deutschen Studenten, und nicht zuletzt gedenk ich der deutschen Frau – der deutschen Mutter. Parteigenosse Dr. Goebbels hat schon bei seiner ersten großen Propagandarede auf der Hochzeit zu Kanaan die Bedeutung der deutschen Laugenbretzel hervorgehoben, und somit ist es Ehrenpflicht sämtlicher nationalsozialistischer Verbände und Formationen, sich in Zukunft von deutschen Laugenbretzeln zu ernähren – und dann wird sich endlich auch der Katholizismus zur deutschen Laugenbretzel bekennen müssen, ob er nun will oder nicht. Hier heißt es biegen oder brechen. Heil – Heil – Heil![210]

VALENTIN IM DRITTEN REICH

Damit positioniert sie sich deutlicher gegen das Regime, als Valentin dies getan hat. Obwohl seine Distanz zu den Nazis bezeugt ist, gibt es neben der subversiven Kritik am Nationalsozialismus, die aus seinen Texten und Bühnenauftritten herauszuhören ist, auch Vorfälle, die seine innere Emigration in einem zweifelhaften Licht erscheinen lassen. Nicht nur, dass er es vermeidet, zu deutlich zu werden, und, anders als zum Beispiel Therese Giehse und die Geschwister Mann mit ihrem Kabarett Pfeffermühle, den Nazis nicht wirklich auf die Zehen tritt, macht nachdenklich. Problematisch erscheint vor allem, dass Valentin, so sehr er die neuen Machthaber auch meidet, nichts dabei findet, sich mit dem Bösen zu verbrüdern, wenn es ihm zum Vorteil gereicht. Daran ändert auch die Tatsache nichts, dass er sich nicht in den Kulturbetrieb der Nazis einspannen lassen will. Denn dass er dies eher aus künstlerischen Überlegungen tut, um seine Eigenständigkeit nicht preiszugeben, denn aus Opposition gegen das System, wird aus vielen seiner Briefe deutlich. Valentin bleibt sich treu und will sich nicht in seiner künstlerischen Freiheit einschränken lassen. Dass er nie gegen Randgruppen polemisiert oder den Machthabern nach dem Mund redet, macht ihn noch nicht zum Oppositionellen. Noch weniger überzeugend klingt sein Anerbieten an den Reichsfilmdramaturgen, einen neuen Groteskfilm zu schaffen: »Ich bin Herrn Reichsminister Dr. Goebbels aufrichtig verbunden über die rasche Hilfe, die er mir in dieser Angelegenheit zuteil werden ließ. Ich habe das feste Vertrauen, ihm meinen Dank durch meine Arbeit ausdrücken zu können, ich weiß, dass ich dem deutschen Film durch meine Ideen eine neue Note geben kann. Die Filme, in denen ich bis jetzt beschäftigt war wurden meiner Eigenart (...) nicht gerecht, trotzdem sie ein Kassenerfolg waren, Auch unser hochverehrter Führer und Reichskanzler hat sic[h] die Filme, wie ich von Herrn Mutschmann, dem Gauleiter Sachsens erfahren habe, sogar 2 mal angesehen und hat herzlich darüber gelacht.«[211]

Dass es mit der so gerne propagierten Oppositionshaltung Valentins nicht ganz so weit her ist, machte 2007 der »Spiegel« deutlich. Aus einer von der Reichskulturkammer zwischen 1933 und 1945 angelegten Akte über den Komiker geht zwar hervor, dass Valentin tatsächlich die meiste Zeit Abstand zum Regime hielt, doch die Akte enthält auch Dokumente, die zeigen, wie Valentin versuchte die Behörden, wie der »Spiegel« schrieb, »zu seinem Nutzen und zum Schaden anderer zu instrumentalisieren«.[212]

1934 denunziert er den Filmemacher Walter Jerven, mit dem er eine finanzielle Auseinandersetzung hat, bei der Reichsfilmkammer als Samuel Wucherpfennig. Damit lancierte er das Gerücht, Jerven sei Jude.[213] Dieser hat sich 1924 umbenannt und muss nun binnen vier Tagen einen Ariernachweis erbringen, was ihm auch gelingt. Die möglichen Folgen einer derartigen

Anschuldigung sind bekannt. Auch bei einem Streit mit dem Regisseur Erich Engels ist sich Valentin nicht zu schade, die Reichsfachschaft Film einzuschalten. Als ihn dies nicht weiterbringt, wendet er sich laut »Spiegel« sogar an Hitlerstellvertreter Rudolf Hess höchstpersönlich.

Dass Karl Valentin diese Briefe nicht aus politischer Überzeugung, sondern aus Eigennutz schreibt, macht die Sache nicht besser. Wäre er der sensible hellsichtige Künstler, als der er gemeinhin gilt, dann würde er sich in einem Brief an den Regisseur Hans Zerlett vom 25. Juli 1937, in dem er seine finanzielle Situation beklagt, nicht zu Sätzen hinreißen lassen wie: »Herr Rühmann (bitte um Diskretion) spielt jährlich mindesten[s] drei Filme à 20 000.-- Mark. Seine Frau soll nicht arischer Abstammu[ng] sein. Warum hat [...] dieser Mann den Vorzug? Soll ich mich auch noch scheiden lassen und eine andersrassige Dame heiraten?«[214] Zum 60. Geburtstag gratulieren dem Komiker Adolf Hitler und andere Nazigrößen. Auf der feinsäuberlich abgetippten Liste der eingegangen Gratulationen werden deren Glückwünsche voller Stolz an erster Stelle, noch vor persönlichen Freunden und anderen Prominenten, aufgeführt. Dass Valentin nicht nur offizielle Briefe, sondern teilweise auch private Schreiben – sogar an Liesl Karlstadt – mit »deutschem Gruß«[215] oder »Heil Hitler«[216] unterschreibt, ist nicht zu leugnen. Nach dem Krieg gefragt, ob er denn der Partei beigetreten wäre, hätte man ihn dazu aufgefordert, bekennt er offen, dass er auf Zwang der NSDAP beigetreten wäre. Die Angst vor den Konsequenzen hätte ihn dazu getrieben. Eine nachvollziehbare Begründung, die es jedoch unmöglich macht, ihn zur politischen Opposition zu rechnen, ebenso wie die Tatsache, dass Valentin bei den Reichstagswahlen im November 1932 NSDAP wählte, wie er bei seinem Entnazifizierungsverfahren zu Protokoll gab.[217] Damit würde man all denjenigen Unrecht tun, die mit großem Mut offen gegen die Nazis auftraten. Carl von Ossietzky, Kurt Tucholsky, Therese Giehse, Erika Mann – das waren die Wortkünstler, die im 3. Reich zu wirklichen Helden wurden. Und sie alle hätten sicher ihre helle Freude an Liesl Karlstadts Hitlerparodie gehabt.

*»I bin do kei so Mondäne, so a Monroe
oder Genalolo Brigida (...)
Für die meisten bin i halt die Mutter Brandl«*
(Liesl Karlstadt)

8 Balbina Puhlheller und Wally Brandl
oder wie das Leben so spielt ...

Nach Kriegsende kehrt Liesl Karlstadt auf die Bühne zurück. Bereits am 20. November 1945 ist sie in der Eröffnungsvorstellung des neu aufgebauten Volkstheaters zu sehen. Als Reminiszenz an das treue Münchener Publikum steht »Sturm im Wasserglas« auf dem Spielplan. Liesl Karlstadt ist überglücklich, endlich wieder auf der Theaterbühne zu stehen – sie hat den Applaus und die Zuneigung des Publikums vermisst. Umso schöner ist es für sie zu erleben, dass es ihrem Publikum ebenso geht. Auch Karl Valentin drängt es nun auf die Bühne zurück und so schreibt er an seine langjährige Bühnenpartnerin: »*Deine* Raubritter Uniform bewahre ich auf – für ›bessere‹ Zeiten – *vielleicht*? spielen es wir doch noch – oder im Film? – Schreibe mir bald wie Du über den Hosentausch denkst – Alles Gute wünscht Dir Dein größter Verehrer der *alle Anderen* in den Schatten stellt.«[218]

Doch sie hat keine Zeit für den Hosentausch. Ab Februar 1946 gibt sie im Volkstheater die Wirtschafterin Johanna in »Das schwedische Zündholz« und vom 26. Juni bis 30. September 1946 besucht sie im Rahmen einer Tournee durch Süddeutschland insgesamt 56 verschiedene Städte. Valentin versucht zwischenzeitlich, beim unter Kontrolle der Amerikaner stehenden Radio München Fuß zu fassen. Doch die Zeiten haben sich geändert. Nach dem erlebten Schrecken steht den Menschen der Sinn nach oberflächlicher Zerstreuung, nicht nach Valentins hintergründigem Humor. Als der Sender auf Initiative des jungen Kurt Wilhelm einmal im Monat eine Stunde Karl Valentin ausstrahlt, hagelt es Beschwerden von

Seiten der Hörer. Den Verantwortlichen bleibt nichts anders übrig, als die Sendung abzusetzen. Zumindest in diesem Medium wird es keine Neuauflage der Firma Valentin-Karlstadt geben. Verbittert schreibt Valentin an die *Süddeutsche Zeitung*: »Der Grund, weshalb wir nun für immer dem Münchner Sender fernblieben, ist folgender: Nach dem Umsturz 1945 verpflichtete uns Radio München aber nur unter der Bedingung, neue zeitgemäße Darbietungen zu bringen. Leider haben wir versagt – deppert daher reden, wie wir das 35 Jahre lang gemacht haben, dürfen wir nicht mehr – bleibt nix anderes mehr übrig – als ganz stad sein.«[219] Die bittere Wahrheit, dass es weniger an der Zensur der Amerikaner, als an der Ablehnung durch die Münchener liegt, hatte man ihm erspart.

EIN LETZTES MAL ZU ZWEIT

Seine ganze Hoffnung setzt er nun auf eine Wiederbelebung der Bühnenpartnerschaft mit Liesl Karlstadt. Doch es dauert mehr als zwei Jahre, bis diese zustande kommt. Erst am 6. September 1947 tritt das legendäre Paar zum ersten Mal seit sieben Jahren wieder gemeinsam auf. In Pasing geben sie vor geschlossener Gesellschaft das Stück »Im Senderaum«. Ein Neuanfang scheint möglich. Vom 11. bis 15. Dezember 1947 sind sie wieder einmal im Bunten Würfel zu sehen. Höchst zufrieden mit dieser Entwicklung, lädt Valentin Liesl Karlstadt und ihre Schwester Amalie über die Weihnachtstage zum Kaffee nach Planegg ein: »Außer einigen Dosen Malz habe ich heuer gar nichts für Dich – aber das schönste Geschenk ist doch, dass mir die letzte Zeit wieder so schön zusammen gespielt haben und wenn Gott es will, wieder *weiter* spielen werden, *verlernt* haben mir *nichts*, das hat sich gezeigt.«[220] Vom 1. bis 12. Januar 1948 gastieren sie im Simpl und vom 22. bis 31. Januar erneut im Bunten Würfel. Am 31. Januar 1948 geben sie ihre allerletzte gemeinsame Vorstellung. Neun Tage später stirbt Karl Valentin an einer Lungenentzündung. In Liesl Karlstadts Tourneebuch steht dazu rot angestrichen nur ein Satz: »9. II. 6.45 Früh. Karl Valentin gestorben in Planegg Georgenstr. 2.«[221] Der letzte Wunsch des Komikers hatte sich nicht mehr erfüllt: »Nächstes Jahr im Frühling sitzen Lisi und ich im Caffee Botanischen Garten. Das wäre mein einziger Wunsch auf Erden.«[222]

Für Liesl Karlstadt ist Valentins Tod ein herber Verlust, ihr Bühnenalbum ist voll von Zeitungsartikeln zum Tod des Partners. Ein Teil von einem Ganzen fehlt nun, auch wenn sie oft verzweifelt versucht hat, gerade diesen Teil loszuwerden. In den letzten Jahren waren die fortwährenden Kämpfe zwischen ihnen abgeflaut. Die Unsicherheit war der Gewissheit gewichen, irgendwie doch zusammenzugehören. Ihre Seelenverwandtschaft hatte alle Verwerfungen überstanden. Am Ende ihres Lebens wusste Liesl Karlstadt, dass Karl Valentin sie auf seine Art wirklich geliebt hatte.

Welch menschliche Größe den beiden wichtigsten Frauen im Leben Karl Valentins zu eigen ist, zeigt sich jetzt, da die langjährigen Rivalinnen Gisela Fey und Liesl Karlstadt sich über seinem Grab die Hände reichen. Sie entwerfen sogar eine gemeinsame Dankeskarte:

Wir danken innigst für die vielen Beweise herzlicher Anteilnahme beim Ableben unseres unvergesslichen Karl Valentins. In tiefer Trauer
Die Familienangehörigen
mit Partnerin Liesl Karlstadt[223]

Karl Valentins Tod hinterlässt nicht nur in Liesl Karlstadts Leben eine Lücke, auch künstlerisch ist sie von nun an ganz auf sich allein gestellt. Das macht ihr Angst. Sie hat keine Ahnung, ob es ihr auf Dauer gelingen wird, den Erwartungen des Publikums gerecht zu werden. Wird das Publikum sie auch ohne Valentin lieben?

Unsicher angesichts der weiteren Entwicklung, nimmt sie zunächst alle Rollen an, die sich ihr bieten. Sie muss sehen, wie sie über die Runden kommt. Die Zeiten sind schlecht, all ihre Ersparnisse haben sich in Luft aufgelöst. Liesl Karlstadt hat Angst vor der Zukunft, schließlich ist sie nicht mehr die jüngste. Wie soll das alles nur weitergehen? Vor der Währungsreform gibt's nichts zu kaufen, und nach der Währungsreform will keiner mehr ins Theater gehen. Was, wenn irgendwann einmal die Angebote ganz ausbleiben? Wenn ihr Typ nicht mehr gefragt ist? Wie viele große Kolleginnen hatte dieses Schicksal schon ereilt! Liesl Karlstadt ist fest entschlossen dagegenzuhalten. Selbst wenn sie dafür der Typ werden muss, den die Leute sehen wollen. Dann wird aus dem Vorstadtstenz eben eine Trümmerfrau – egal.

Frauen in der Nachkriegszeit – Lebenswelt und langsame rechtliche Gleichstellung
Viele Frauen blieben nach Ende des Krieges auf sich allein gestellt. Millionen Männer waren gefallen, galten als vermisst oder befanden sich in Kriegsgefangenschaft. Im Sommer 1945 gab es in Deutschland einen Überschuss von sieben Millionen Frauen. Vier Millionen davon brachten sich und ihre Familien allein durch, zweieinhalb Millionen waren Kriegswitwen. Die Literatur spricht von einem »erzwungenen Matriarchat«. Männliche Arbeitskräfte waren Mangelware und Frauen sicherten in den ersten Nachkriegsjahren den Fortbestand der Produktion – mit einem Lohnunterschied von bis zu 50 Prozent zu ihren männlichen Kollegen. Außerdem oblag vielen Frauen auch weiterhin die Hauptverantwortung für die Familie. Doch Frauen sicherten nicht nur das Überleben ihrer Familien, sie trugen auch zu einem großen Teil zum Wiederaufbau des Staates bei. Die Trümmerfrau wurde zum Symbol für den Wiederaufbau des Landes und zum Beweis dafür, was Frauen psychisch und physisch zu leisten in der Lage waren.
Schließlich wurden im Zuge der Demokratisierung auch Gesetze erlassen, die der sich verändernden Geschlechterwirklichkeit entsprechen sollten. 1948 traf sich auf Herrenchiemsee der Parlamentarische Rat, um das Grundgesetz auszuarbeiten. Unter seinen 65 Mitgliedern waren vier Frauen: Elisabeth Selbert (SPD), Friederike Nadig (SPD), Helene Wessel (Zentrum) und

Helene Weber (CDU). Sie gelten heute als die Mütter des Grundgesetzes. Vor allem Elisabeth Selbert ist es zu verdanken, dass die Gleichberechtigung als Verfassungsgrundsatz formuliert wurde, obwohl sich im Hauptausschuss des Parlamentarischen Rates keine Mehrheit dafür fand. Erst nachdem Elisabeth Selbert die Öffentlichkeit mobilisiert hatte, gelang es ihr, gegen den Widerstand der CDU in Artikel 3 Absatz 2 den Satz »Männer und Frauen sind gleichberechtigt« durchzusetzen. Damit wurde formal der Gleichberechtigungsgrundsatz in die Rechtsordnung aufgenommen und die Regierung dazu verpflichtet, die familienrechtlichen Bestimmungen des BGBs zu überarbeiten. In Artikel 117 wurde eine Frist bis zum 31. März 1953 gesetzt, innerhalb derer die gesetzlichen Bestimmungen, die Frauen benachteiligten, aufgehoben werden sollten.

Doch erst als das Bundesverfassungsgericht 1953 die Gleichstellung zur Rechtsnorm erklärte, wurde die ungleiche Behandlung von Mann und Frau in der Gesetzgebung langsam beseitigt. Weitere vier Jahre verstrichen, ehe der Bundestag am 3. Mai 1957 das Gesetz über die Gleichberechtigung von Mann und Frau auf dem Gebiet des bürgerlichen Rechts verabschiedete.

KARRIERE ALS FRAU

Über Liesl Karlstadt aber schwebt einstweilen das Damoklesschwert der Altersarmut: »Gschenkt krieg i a nix. Glei nach der Währung haben sie mir mei Gage *runtergsetzt* auf fufzig Prozent, weil die Eintrittspreise auch niedriger wordn sind. Wie nachher die Preise wieder in die Höh' sind, hat die Stadt das Versprechen, das sie mir gebn hat, wieder *vergessen*. Jetzt hab ich meine Forderung meinem Anwalt übergeben und hoff, dass mich die Stadt München net im Stich lasst, sonst muß i hungern oder wieder zum Tietz als Verkäuferin gehen.«[224] Ihr ehemaliger Mitspieler Joseph Rankl kümmert sich in jenen Jahren rührend um sie. Als die Lebensmittel nach dem Krieg knapp sind, schickt seine Familie Fresspakete in die zerbombte Stadt, um Liesl Karlstadt und Amalie zu unterstützen. Über die Jahre werden die Schwestern immer wieder zur Sommerfrische zu Rankls nach Füssen fahren.

Sie stürzt sich wie besessen in die Arbeit – nur nicht nachdenken. Bereits einen Monat nach Valentins Tod steht sie in »Rendezvous um Mitternacht« von Jean Anouilh auf der Bühne der Kleinen Komödie. Das *Münchner Tagebuch* schreibt über ihren Auftritt: »Das Publikum in dem boudoirhaften Theaterchen, darin man bequem die Füße auf die Bühne legen kann und selbst in der neunten Reihe noch ganz vorne sitzt, wird aufs Angenehmste unterhalten. Dies ist vor allem Liesl Karlstadt zu verdanken, dieser liebenswerten, kleinen, großen Darstellerin. Eine ideale Besetzung.«[225] Die Arbeit hilft ihr über die große Trauer um den Lebensmenschen Valentin hinweg. Wie immer, wenn ihre Seele sich quält, greift sie auf die Arbeit als Allheilmittel zurück. Neben der Kleinen Komödie werden vor allem das Volkstheater, das Gärtnerplatztheater und die Kammerspiele ihre Heimatbühnen.

Im Juni 1948 übernimmt sie die Hauptrolle in »o.k. Mama. Ein Münchner Stück in drei Akten« im Volkstheater im Bayerischen Hof. 1959 notiert sie für ein Interview einige ihrer Rollen, die ihr wohl besonders viel bedeuten, darunter Auftritte in »Das Konzert«, »Arsen und Spitzenhäubchen«, »Der erste Frühlingstag«, »Der goldene Kranz«, »Frauen in Newyork«, »Feuerwerk« und »Abschiedswalzer«. Über Missachtung durch die Medien muss sie sich keine Gedanken mehr machen. Nur manchmal gibt's noch etwas, worüber sie sich ärgert. Und dann schreibt sie einen aufgebrachten Brief, wie den an die *Abendzeitung:* »Übrigens, was habt's denn Ihr vorgestern für a Bild von mir bracht? Dees war greislich!«[226]

Sie spielt so unendlich viele Rollen, dass man fast übersieht, dass sie auch als große Charakterdarstellerin auftritt. In der Spielzeit 1950/51 gibt sie die Balbina Puhlheller in »Der starke Stamm« von Marieluise Fleißer in den Münchener Kammerspielen. Wieder eine Rolle, die sie von Therese Giehse übernimmt. Diese sagt nach dem Auftritt der Kollegin: »Es gibt keine Bessere.«[227] Hohes Lob aus berufenem Munde!

Beim Publikum beliebt ist sie aber vor allem in Einaktern und Sketchen, in denen sie nun als Partner sehr häufig den Volksschauspieler Michl Lang an ihrer Seite hat. Inhaltlich sind es gefällige kleine Volksstücke, weit weg von den hintergründig anarchischen Szenen, die sie mit Valentin auf die Bühne gebracht hatte. Sie lernt rasch. Die Menschen wollen lachen, nicht nachdenken. Sie haben das Grauen hinter sich und wollen nun unterhalten werden. Liesl Karlstadt hat nichts dagegen. Die Bühnenkunst, die sie mit Valentin entwickelt hatte, hatte sie an ihre Grenzen gebracht. Das ist nun nicht mehr zu befürchten. Was sie jetzt macht, ist nicht Kunst, sondern Broterwerb. Nichts, wofür man sich selbst aufgeben muss, um gut zu sein. Ihre Ansprüche haben sich geändert, sie will nicht mehr die große eigenständige Künstlerin sein. Sie will von ihrer Arbeit leben können, vom Publikum geliebt werden und die Menschen unterhalten. Das reicht ihr.

Wandelbar wie sie ist, schlüpft sie nun in jene Rollen, die in Deutschland nach dem Krieg besonders gefragt sind. Von nun an spielt sie mütterliche Frauen, gibt die zupackende Trümmerfrau. Liesl Karlstadt wird zur beliebtesten bayerischen Volksschauspielerin. Für niemanden kommt dies überraschender als für sie selbst: »Das ist mir ganz komisch vorgekommen, dass ich auf einmal eine Frau sein soll. Zuerst hab ich direkt Hemmungen gehabt, eine Bluse und einen Rock anzuziehen, weil ich so an die Hosen und die männlichen Perücken und Bärte gewohnt war.«[228]

FILMSCHAUSPIELERIN

Den Mann in Liesl Karlstadt will niemand mehr sehen, auch der deutsche Film nicht. 1949 spielt sie die Frau des Bürgermeisters in »Nach Regen scheint Sonne«. In diesem Film wirken die Publikumslieblinge der 50er-Jahre, Sonja Ziemann, Gert Fröbe und Beppo Brem, mit. Besonders Fröbe, der sich noch zu Valentins Lebzeiten als großer Fan des Paares geoutet hatte, gefällt ihr: »Fröbe hat unsagbar viel Verwandtes mit meinem verstorbenen Partner Karl Valentin – nicht nur in seiner Erscheinung, sondern auch in seiner Komik.«[229] Gert

Fröbe, zu dieser Zeit noch ein gertenschlanker Mann, ist soeben in der Rolle des Otto Normalverbraucher im Film »Berliner Ballade« deutschlandweit bekannt geworden.

Als 1950 Erich Kästners »Das doppelte Lottchen« auf die Leinwand kommt, ist Liesl Karlstadt als Gemüseladenbesitzerin Frau Wagenthaler dabei. Bei der Verfilmung von Kästners »Der kleine Grenzverkehr« unter dem Titel »Salzburger Geschichten« ist sie an der Seite von Paul Hubschmid und Marianne Koch zu sehen. Sie spielt 1952 in »Das letzte Rezept« mit O. W. Fischer und Heidemarie Hatheyer, und im Spielfilm über die legendäre österreichische Sängerfamilie Trapp, der zu einem der erfolgreichsten Filme des deutschen Nachkriegskinos wird, agiert sie neben Ruth Leuwerik und Hans Holt. 1958 spielt sie in »Wir Wunderkinder« mit Hansjörg Felmy, Johanna von Koczian und Elisabeth Flickenschildt. In »Feuerwerk« dreht sie mit Lilli Palmer, Romy Schneider und Karl Schönböck. Maria Schell, Brigitte Horney und O. W. Fischer sind ihre Partner in »Solange du da bist«, und unter der Regie von Paul Verhoeven dreht sie in »Das kann jedem passieren« mit Heinz Rühmann und Michl Lang. Auch wenn es meist nur Nebenrollen sind, kann sie sich vor Angeboten kaum retten.

Dabei sieht es anfangs gar nicht danach aus, als würde sich der deutsche Film für sie interessieren. In einem Interview zu Beginn der 50er-Jahre beschwert sie sich bitter darüber, dass nur etwa alle sechs Jahre ein Film gedreht würde, in dem man sie brauchen kann. Dabei hätte ihr Geldbeutel den Zuschuss dringend nötig. Nicht einmal für die ach so beliebten Heimatfilme komme sie in Betracht. Warum das so ist, darüber hat sie eine ganz eigene Theorie: »Zu dem traurigen Kapitel Heimatfilm kann ich leider (oder Gott sei Dank) nur sehr wenig sagen, weil ich erst bei drei von solchen Filmen dabei war. (...) Die Herren, die solche bayerischen Heimatfilme produzieren, halten mich entweder für eine Nachwuchsschauspielerin oder für eine hochdeutsche Salondame, weil ich nicht so gschert bin, wie sie gern möchten. Deshalb hab' ich mir jetzt a kloans Biachl kauft, ›1000 Worte Bayerisch‹, da stehn die ganzen Flüche und Kraftausdrücke drin, die man für einen ›zünftigen‹ Heimatfilm braucht. Wenn ich die gelernt hab', meld' ich mich wieder bei der Filmfirma.«[230] Für sie als Künstlerin, die lange Zeit für differenzierte Sprachakrobatik stand, ist das Niveau der Heimatfilme manchmal nur schwer zu ertragen, doch ihre Zukunftsängste wiegen schwerer: »Meine letzte Erfahrung war der Hofbräuhausfilm, wo ich die Wirtin gspielt hab'. Wie der gedreht wor'n is', hat mich gleich eine dumpfe Ahnung gepackt und i hab' gsagt: wenn die Bayern in dem Film nur nasenbohrn und kammerfensterln, wenn s' wieder so saufen, raufen und fluachen und sich gegenseitig mit ›Rindvieh‹ und ›Dreckhammel‹ titulieren, da mach i net mit. (...) Trotz der Zusicherungen ham's aus den Bayern wieder a Karikatur gmacht, an Hanswurscht'n für die preußischen Zaungäste.«[231] Ihr Fazit lautet schlicht und einfach: »Wenn sie mich über meine persönlichen Heimatfilm-Empfindungen ausfragen, so ist meine persönlichste Empfindung die, dass ich für den Hofbräuhausfilm noch dreihundertdreizehn Mark und zwanzig Pfennig zu bekommen habe. Vielleicht krieg ich das Geld in zehn Jahren, wenn ich 1962 meinen nächsten Heimatfilm dreh ...«[232]

Doch so lange muss sie nicht warten. Zwischen 1949 und 1959 wird sie in 27 Spielfilmen mitwirken, zumeist als Haushälterin, Köchin oder Ehefrau. Zwar ist zumeist keine tragende Rolle dabei, aber sie hebt in ihrem Bühnenalbum jede noch so kleine Pressenotiz auf. Ein klein wenig ist sie doch stolz auf ihre Nachkriegskarriere. Dass sie in »Vater Seidl und sein Sohn«, dem allerersten Fernsehfilm des Bayerischen Rundfunks, der deutschlandweit ausgestrahlt wird, neben Michl Lang die weibliche Hauptrolle spielt, schmeichelt ihr durchaus. Das Ende der Firma Valentin-Karlstadt wird für Liesl Karlstadt zum Beginn einer neuen Karriere als Frau.

Dennoch ist sie im Mai 1949 noch einmal mit Karl Valentin auf der Leinwand zu sehen. In den Lichtspielen am Sendlinger Tor werden in einer Matinee alte Kurztonfilme der beiden gezeigt. Die Vorstellung ist restlos ausverkauft, das Publikum feiert Liesl Karlstadt, die einige Worte spricht, begeistert. Karl Valentin fehlt ihr sehr, nun da sie seinen Launen nicht mehr ausgesetzt ist. Als sie im Frühjahr 1949 selbst an einer Lungenentzündung erkrankt, diktiert sie einem Reporter der *Münch-*

ner *Sonntagspost* in seinen Schreibblock: »Grad vor einem Jahr ist er g'storben, an der gleichen Krankheit, von der ich mich grad erhol. Bei mir hats net ganz zum Himmel greicht.«[233]

RUNDFUNKSTAR

Der Himmel muss warten, das Leben hat noch einiges mit ihr vor. Ende der 40er-Jahre wird Liesl Karlstadt wieder für den Rundfunk entdeckt. Ihre weiche, ausdrucksvolle Stimme ermöglicht ihr eine außergewöhnliche Karriere beim Bayerischen Rundfunk. Sie wird, wie Andreas Koll in seinem Buch über bayerische Volkskünstlerinnen schreibt, zum »ersten weiblichen bayerischen Medienstar«[234]. Bereits 1948 spricht sie ihre Frau Vogl aus »Sturm im Wasserglas« in einem Hörspiel. Die Aufnahmen sind kräftezehrend. In einem Brief an Joseph Rankl berichtet sie, dass sie oft bis vier Uhr morgens im Studio ist.[235]

Zum absoluten Publikumsliebling avanciert Liesl Karlstadt als Resi Brumml in den »Brummlg'schichten« von Kurt Wilhelm und Olf Fischer. Am 3. Juli 1949 löst sie in dieser Rolle ihre Kollegin Maria Stadler ab, die beim Publikum nicht so gut ankam. Sie erobert die Zuhörer im Sturm. Liesl Karlstadt gibt die humorvolle bodenständige Ehefrau, während Michl Lang den cholerischen Hausherrn spricht, der mehr als einmal von seiner Frau auf den Boden der Tatsachen zurückgeholt werden muss. Es sind Alltagssituationen, die dem Zuhörer vertraut sind. Wenn sich die Eheleute Brumml ihre Rededuelle liefern, bleibt kein Auge trocken.

Bald ist sie eine feste Größe im Bayerischen Rundfunk. Sie tritt in Theo Rieglers »Nudelbrett« und in der »Weißblauen Drehorgel« auf und spricht diverse Hörspiele ein. Theo Riegler erklärt, warum Liesl Karlstadt bei den Hörern so beliebt ist: »Sie hatte etwas Anheimelndes und Biederes in ihrer Sprechweise, als höre man eine längst vertraute Stimme, von der man bloß nicht weiß, wo man sie zum erstenmal vernommen hat. (…) Es war jener spezielle Volkston, der alles glaubhaft ausdrücken konnte, was die kleinen Leute beglückt oder verärgert.«[236] Jetzt kommt ihr noch einmal zugute, dass sie zeit ihres Lebens dem Volk aufs Maul geschaut hat.

In einer Zeit, in der der Rundfunk eine weitaus höhere Verbreitung und Bedeutung hat als das Fernsehen, müssen Sprecherinnen wie Liesl Karlstadt unweigerlich zu Idolen werden. Der Bayerische Rundfunk trägt der Begeisterung seiner Hörer Rechnung und schickt seine Sprecher auf Tournee, hin zu den Menschen vor Ort. Beliebte Funkhumoristen reisen aufs Land, um sich ihrem Publikum auch einmal live zu zeigen. Liesl Karlstadt ist bei diesen Reisen der absolute Superstar. Theo Riegler, der bei vielen ihrer Auftritte als Conférencier fungiert, erinnert sich an die Begeisterung der Menschen: »Die Leute, die vom Rundfunk her ihre Stimme kannten, brannten darauf, sie leibhaftig zu sehen. Wenn wir mit einem Ensemble prominenter Funkhumoristen auf Tournee gingen, war die erste Frage des Publikums, ob denn auch wirklich die Liesl Karlstadt dabei wäre. (...) Immer ergab sich die gleiche Situation: Beim Namen Liesl Karlstadt erhob sich ein stürmischer Applaus, der von Herzen kam. Und wenn sie dann in ihrer bescheidenen und sympathischen Art die Bühne betrat, als könnte sie ihre Beliebtheit nicht verstehen, steigerte sich der Beifall zu einer Ovation.«[237] Als einmal in Niederbayern durch ein Missverständnis Liesl Karlstadt auf Plakaten angekündigt wird, obwohl sie gar nicht auftritt, muss der Rest des Ensembles nach dem Auftritt durch ein Fenster flüchten, um nicht von der aufgebrachten Menge verprügelt zu werden.

Wie anstrengend es ist, die Gunst des Publikums zu behalten, lernt sie jeden Tag aufs Neue. Meist kommt sie mitten in der Nacht von ihren Auftritten nach Hause, nur um am nächsten Tag wieder in eine andere Stadt zu fahren. Sie schläft oft in Hotelzimmern. So gern sie in jungen Jahren auf Tournee gegangen wäre, jetzt ist ihr das oft zu viel. Doch sie ist Profi durch und durch, höchst diszipliniert und konzentriert. Auch im größten Stress bleibt sie stets freundlich. Nie erwartet sie eine besondere Behandlung, nie lässt sie ihre Mitspieler spüren, dass sie der eigentliche Star des Abends ist. Nur wenn sich ihre Krankheit zurück meldet, dann muss sie sich eine Pause gönnen. Die Ängste und Depressionen sind geblieben. Und auch wenn sie die meiste Zeit ausnehmend liebenswert, diszipliniert und freundlich ist, wenn es ihr zu viel wird, erleben ihre Mitspieler auch mal eine andere Liesl Karlstadt. Der Schauspieler Walter Fiedler, der sie in ihren letzten Jahren oftmals auf ihren Tourneen begleitete, berichtet von einer Frau, die in ihren manischen Phasen unberechenbar, überdreht, hysterisch und kaum zu bändigen gewesen sei.[238] Nach einer solchen Phase fällt sie krankheitsbedingt immer längere Zeit aus. Dies sind die Wochen, in denen sich Liesl Karlstadt in eine Klinik zurückzieht, um sich wieder zu stabilisieren und neue Kraft zu schöpfen.

MUTTER BRANDL

1952 startet der Bayerische Rundfunk eine neue Sendereihe. Die leitende Redakteurin des Frauenfunks, Ilse Weitsch, hat bei ihren Hörerinnen einen »kriegsbedingten Nachholbedarf in Haushaltsführung« festgestellt und will dem mit einer Ratgebersendung entgegenwirken. Damit die Haushaltstipps nicht allzu trocken erscheinen, sollen sie in eine unterhaltsame Geschichte verpackt werden, die immer von denselben Personen präsentiert wird. »Meisterhausfrau – Haushaltslehrling« heißt die von Ernestine Koch und Emmi Heilmaier entwickelte Sendung zunächst. Rasch ist man sich im BR einig, dass niemand anderer als Liesl Karlstadt für die Hauptrolle in Frage kommt: »Dass die Meisterhausfrau durch Liesl Karlstadt verkörpert wird und dass Gisela, unser hauswirtschaftlicher Lehrling, eine waschechte Schlesierin ist, wird Ihnen dafür Garantie sein, dass es nicht strohtrocken in diesem hauswirtschaftlichen Kurs zugehen wird.«[239] Was als Fachsendung geplant ist, entwickelt sich zum absoluten Renner. Nahezu 150 Sendungen mit der Meisterhausfrau Liesl Karlstadt und ihrem Lehrling, dem schlesischen Flüchtlingsmädchen Gisela, gesprochen von Ilse Sisno, werden in den nächsten Jahren produziert. Unterhaltsam verpackt, gibt's Tipps zur Einteilung des Haushaltsgeldes, zum Kochen und Putzen. Nach 100 Folgen wird die Reihe, die längst eine Familiensendung geworden ist, in »Familie Brandl« umbenannt. Liesl Karlstadt alias Frau Brandl hat längst einen Ehegatten sowie einen minderjährigen

Liesl Karlstadt in ihrer Zeit als „Frau Brandl", nach 1950

Sohn namens Ferdl dazubekommen. Im Laufe der Zeit tauchen noch weitere Verwandte auf. Welch ein Imagewechsel, aus dem Luke von der Au wird Mutter Brandl! Liesl Karlstadt avanciert zur bayerischen Hausfrau schlechthin, viele identifizieren sie voll und ganz mit ihrer Rolle, sprechen sie auf der Straße als Frau Brandl an: »Wie jetz' die Gisela geheiratet hat (in der Sendung versteht sich), da hab' i so a liabe Kart'n kriagt, zum Beispiel von der Renate aus Niederbayern, die hätt' glei bei mir als Haustochter eintret'n woll'n. Aber leider, im Haushalt kann i keiner was lernen, ich bin ja viel zu häufig auswärts«[240], sagt Liesl Karlstadt in einem Interview.

Das Frauenbild in der Adenauer-Ära
Aller rechtlichen Gleichstellung zum Trotz wurde in Westdeutschland nach dem Zweiten Weltkrieg das Ideal der Ehefrau und Mutter restauriert. Die patriarchale Familienstruktur blieb bestimmend für die bürgerliche Kleinfamilie. Mutterschaft wurde zum wichtigsten Beruf einer Frau erklärt, die erwerbstätige Frau sollte die Ausnahme, nicht die Regel sein. Mit ihrem Frauenleitbild fiel die junge Republik weit hinter die 20er-Jahre zurück, mit dem Ergebnis, dass noch 1960 weniger als 25 Prozent eines Studienjahrgangs weiblich waren. Das gesetzliche Leitbild war die Hausfrauenehe. Bis zum Ende der 50er-Jahre blieb das Ehe- und Familienrecht des BGB mit seinem Gehorsamsparagraphen, wonach der Ehemann in allen das eheliche Leben betreffenden Angelegenheiten zu bestimmen hat, in Kraft. Dies beinhaltete auch die eheliche Pflicht zum Geschlechtsverkehr. Der Mann bestimmte den Wohnort der Familie, ihm unterlagen Verwaltung und Nutzung des Vermögens seiner Frau, die darüber ohne sein Einverständnis nicht verfügen durfte. Nur mit Zustimmung ihres Mannes durfte eine Frau erwerbstätig sein, der Mann konnte ein bestehendes Arbeitsverhältnis seiner Frau jederzeit und ohne ihr Einverständnis kündigen, wenn sie seiner Ansicht nach ihre häuslichen Pflichten vernachlässigte. Der Ehemann hatte den Stichentscheid, also das letzte Entscheidungsrecht in allen Angelegenheiten, während die Ehefrau der Folgepflicht unterlag.
Noch 1959 unterstrich das Bundesverfassungsgericht die gesetzlich festgeschriebene Pflicht der Frau zur Haushaltsführung und festigte damit die Festschreibung der weiblichen Doppelbelastung. Dies blieb auch nach den Reformen bestehen. Zwar durften Männer nicht mehr die Arbeitsverträge ihrer Frauen kündigen, doch eine Erwerbstätigkeit wurde Frauen nur dann zugebilligt, wenn dies mit ihren häuslichen Pflichten zu vereinbaren war.

Im letzten Akt ihrer Karriere als begnadete Verwandlungskünstlerin schlüpft Liesl Karlstadt in die Rolle der biederen Hausfrau. Die Verwirrung der Geschlechter ist vorbei, übrig bleibt »unsere Liesl« mit dem Gesicht eines Barockengels. Ausgerechnet sie, die als junge Frau alle Spießbürgerlichkeit hinter sich gelassen und privat und künstlerisch gesellschaftliche Grenzen übertreten hatte, wird zum Symbol für die neue Biedermeierlichkeit, in das sich die Deutschen nach der großen Katastrophe zurückziehen. Sie, die gemeinsam mit Valentin mit ihren Worteskapaden die pure Anarchie verkörperte, hilft den Menschen jetzt bei ihrer Lieblingsbeschäftigung: dem Vergessen. Nach all den Jahren, in denen sie um ihre Anerkennung als eigenständige Künstlerin rang, unterwirft sie sich einer Rolle, die eigentlich nicht zu ihr passt. Doch sie begreift schnell, dass es gerade das ist, was die Menschen haben wollen. Und auch wenn dies wohl nicht der Karriere entspricht, die ihr einst vorschwebte – jetzt fühlt sie sich zu alt, um sich als Künstlerin noch einmal neu zu erfinden. Sie ist der Kämpfe um künstlerische Autonomie überdrüssig, und Rollen, die einen psychisch heil lassen ob ihrer Einfachheit, sind nicht das schlechteste. Deshalb gibt sie dem Publikum, was das Publikum verlangt: die brave Bürgersfrau. Auch wenn sie weiß, dass Valentin sagen würde: »Freili machst es guat, aber was du da droben spielst, das können andere Frauen auch – was du aber mit *mir* spielst, das können die andern net.«[241] Sie opfert ihre Einzigartigkeit ihrer Seelenruhe und geht von nun an jeden Donnerstagmorgen um 8.30 Uhr auf Sendung.

Als die Popularität der Familie zunimmt, wird nicht nur das Themenspektrum erweitert, sondern die Sendung auf einen besseren Programmplatz verlegt. Jetzt sitzen jeden zweiten Samstag um 16 Uhr 40 Millionen von Hörern an den Geräten und trinken Kaffee mit der Familie Brandl, ganz so wie mit lieben alten Bekannten: »Das besonders Liebenswerte an dieser Funkfamilie ist, dass sie vollkommen ›normal‹ ist. Was ihr passiert, kann jeden Augenblick jede andere Familie in München auch erleben, und so, wie die Brandls reagieren, sich mit ihren Problemen auseinandersetzen, machen es täglich zahllose echte Familien.«[242] Die Sprecher der Serie gehen so sehr in ihren Rollen auf, dass sie sich auch nach Drehschluss mit ihren Seriennamen ansprechen. Sohn Ferdl schickt seiner Mama am Muttertag Blumen und Liesl Karlstadt hat immer Bonbons für die Familie in ihrer Tasche. Erneut verschwimmen die Grenzen zwischen Realität und Fiktion.

EIN MÜNCHENER WAHRZEICHEN

Durch ihre Rolle der Musterhausfrau wird Liesl Karlstadt zur idealen Werbeträgerin, wirbt für Pfanni-Knödl und Dallmayr-Kaffee. Zusammen mit Beppo Brehm tritt sie am 3. November 1956 im ersten Werbespot auf, der jemals im deutschen Fernsehen gezeigt wird – ein Waschmittelwerbespot für Persil. Der BR sendet ihn in der ARD. Es hagelt Proteste über diesen 176 Sekunden dauernden Sündenfall des Senders, der sich damit zum Handlanger der Industrie mache. Liesl Karlstadt schadet die Aufregung nicht. Offensichtlich verkörpert niemand die grundsolide bodenständige Hausfrau besser als sie, deren Leben, Lieben und Arbeiten vieles gewesen ist, aber kaum bodenständig und solide.

Privat lebt sie zurückgezogen gemeinsam mit Amalie noch immer in ihrer Wohnung im dritten Stock in der Maximilianstraße. Auf dem messingfarbenen Klingelschild neben der Tür steht: Elisabeth Wellano. Dahinter ganz klein zwei Buchstaben: »L. K.« Die Wohnung ist ihr Rückzugsgebiet, doch viel Ruhe ist ihr nicht vergönnt. War es früher Valentin, der sie antrieb, ist es nun die Öffentlichkeit, die sie nicht in Ruhe lässt: »Man lasst sie ja net amal essen, die Liesl«, beschwert sich ihre Schwester einmal bei einem Reporter. »Sie kennen ja mei Schwester! Die kann doch nicht nein sagen! Jetzt is grad im Rundfunk bei einer Probe – ein Hörbild, wissen S', zur Hundert-Jahr-Feier der Eingemeindung der Vorstadt Au. No, und morgen ist sie bei einem Abend im Salvatorkeller dabei. Dann hat sie Fernsehprobe, am Samstag geht sie im Festzug mit, am Abend wieder Sendung im Rundfunk, und nachts spielt sie in einer Festvorstellung im Deutschen Theater. Es ist wirklich ein Kreuz, wie man die Liesl einspannt!«[243] Es findet keine Veranstaltung in München statt, zu der sie nicht geladen wird. Eine Bereicherung ist ihre Anwesenheit in jedem Fall, denn wenn sie gut gelaunt ist, kann es durchaus vorkommen, dass sie beim Salvator auf dem Nockherberg oder auf dem Oktoberfest die Bühne erklimmt und die Kapelle dirigiert. Kaum ein Ereignis, das ohne sie auskommen kann. Sie ist die Münchenerin schlechthin, wird überall erkannt und fotografiert. Immer ist sie von Fans umlagert, schüttelt Hände und schreibt Autogramme. Im August 1952 tauft sie im Münchener Tierpark ein Nilpferdbaby auf den Namen Liesl. Zu ihrem 60. Geburtstag überschlagen sich die Zeitungen mit Artikeln. Die Kammerspiele organisieren ihr zu Ehren eine Matinée, über die die Zeitungen schreiben: »Alfred Gondrell vollzog die Karlstadt-Weihe und geleitete die Jubilarin zu einem mit Seide bezogenen Sessel, der inmitten von Blumenkörben hoch auf der Bühne der Kammerspiele stand. Von diesem Thron aus hörte sich Liesl Karlstadt die Reden an, die ihr zu Ehren gehalten wurden. (…) ›Es war der schönste Tag seit meiner Firmung!‹, sagte Liesl Karlstadt voller Rührung.«[244] Zu ihrem 65. Geburtstag erhält sie 1200 Glückwunschkarten.

DIE LETZTEN TAGE

Am 16. Juli 1960 fahren die beiden Schwestern nach Garmisch-Partenkirchen. Liesl Karlstadt soll sich hier von einer Lungenentzündung erholen. In Erinnerung an längst vergangene Zeiten macht sie einen Ausflug nach Ehrwald. Am Dienstag, den 26. Juli, besucht sie den Komponisten Magnus Henning, der in Erika Manns Ferienhäuschen »Pfeffermühle« lebt. Mit den beiden ist sie sehr befreundet. Man trifft sich zu manch ausgelassenem Abend, wie ein Brief Erika Manns von 1958 beweist: »Wenn Sie wirklich auf der Wiesn waren mit dem Magnus, dann bin ich unbeschreiblich neidisch. Was hatten doch wir (Sie und ich) für eine Gaudi gehabt, damals, als wir so pikfein hinter dem Geländer saßen.«[245] An diese Gaudi muss sich Liesl Karlstadt erinnert haben, denn zurück im Hotel in Garmisch-Partenkirchen schreibt sie eine Postkarte an Erika Mann: »Liebe Frau Erika! Nun hab ich endlich Ihr Häuschen von innen gesehen u.

bin *mehr* als begeistert. Ich gratuliere. Den oberen Platz kann ich mir auch schon gut vorstellen, u. ich bin überzeugt, dass Magnus auch das *richtig* hinkriegen wird, u. wir alle uns öfters zwecks Gaudi mit Ihnen treffen. Zu schade, dass ich Sie jetzt nicht hier angetroffen, ich hoffe aber auf bald u bleibe mit herzlichen Grüßen Ihre Liesl Karlstadt.«[246] Es sind ihre letzten Zeilen. Einen Tag später, am 27. Juli 1960, stirbt Liesl Karlstadt in ihrem Hotelzimmer in den Armen ihrer Schwester Amalie an einem Gehirnschlag.

Liesl Karlstadt in den 50er-Jahren

Die Todesnachricht erreicht die Kollegen mitten in den Proben für »Die Raubritter vor München«, die mit Liesl Karlstadt, Michl Lang, Alfred Pongratz und anderen nach ihrer Rückkehr aus dem Urlaub im Deutschen Theater aufgeführt werden sollen: »Mitten in den Lärm der Bühnenarbeiter kam die Nachricht, Liesl Karlstadt sei gestorben! Eine unheimliche Stille breitete sich im Hause aus. Kein Hammerschlag war mehr zu hören. Es war, als schwiege nicht nur das rastlose Herz der beliebten Künstlerin. – Wir alle liebten diese muntere Frau, die nie an den Bühnenarbeitern vorüberging, ohne ein nettes Wort oder einen Scherz für sie zu haben.«[247]

Am Tage ihrer Beerdigung trägt München Trauer. Tausende geben ihr das letzte Geleit. Der Weg zur Aussegnungshalle auf dem Ostfriedhof ist schwarz vor Menschen. Der frischgebackene Oberbürgermeister Hans-Jochen Vogel hält die Trauerrede. Als sich der Sprecher ihres Rundfunkehemanns Herr Brandl den Weg durch die Menge bahnt und dabei ruft: »Geht's halt a bisserl auf'd Seiten Leut, wir müssen ja zur Aussegnung nei«, gehen die Leute, die seine Stimme erkennen, sofort zur Seite und raunen: »Laßts die Familie durch.«[248]

Noch im Tod bleibt sie Frau Brandl.

Ihre letzte Ruhestätte findet Liesl Karlstadt auf dem alten Friedhof in Bogenhausen, wo die großen Kinder der Stadt München begraben sind. In der Mitte ihres schmiedeeisernen Grabkreuzes befindet sich ein rotes Herz, auf dem der Schriftzug ›Liesl Karlstadt‹ zu lesen ist. Es ist ein Herz mit doppeltem Boden. Wenn man es öffnet, findet man den Namen Elisabeth Wellano. Außen- und Innenansicht sind und waren bei Liesl Karlstadt niemals dasselbe.

Ein Jahr später stellt die Stadt München ihr zu Ehren eine Statue auf einem Brunnen am Viktualienmarkt auf. Auf der Bronzeplakette ist zu lesen: »Münchener Bürger der Volksschauspielerin Liesl Karlstadt«. Am 18. Oktober 1953 hatte sie selbst der Einweihung des Karl-Valentin-Brunnens auf dem Viktualienmarkt beigewohnt und dabei eine kleine Rede gehalten: »Bei dieser feierlichen Gelegenheit werden sich die meisten von Ihnen noch an eine Spielscene von uns erinnern, bei der Karl Valentin als Spritzbrunnenaufdreher bei einem Baron von Rembremerdeng angestellt war. Karl Valentin hätt es sich natürlich nie träumen lassen, dass er selbst einmal auf einem Spritzbrunnen zu stehen kommt. Und wenn er noch reden könnt, dann tät er vielleicht sagen: ›Liesl drah net gar so stark auf.‹«[249]

»Es ist Zeit, dass man weiß!
Es ist Zeit, dass der Stein sich zu blühen bequemt,
dass der Unrast ein Herz schlägt.
Es ist Zeit, dass es Zeit wird.
Es ist Zeit.«
(Paul Celan)

Epilog: Liesl Karlstadt – Die verkannte Künstlerin

Liesl Karlstadt ist bis heute für viele Münchner »unsere Liesl« geblieben. Dabei ging diese Liebe leider keineswegs Hand in Hand mit ihrer Anerkennung als Künstlerin. Der kreative Anteil, den Liesl Karlstadt an der Entstehung der Valentinaden hatte, wurde lange vernachlässigt und unterschlagen. Wie schon zu ihren Lebzeiten, so wurde sie auch nach ihrem Tod vielfach als Appendix Valentins gesehen.

Erst in den letzten zwei Jahrzehnten veränderte sich der Blick auf diese einzigartige Künstlerin. Dazu trugen vor allem ihre Biografinnen bei, die den Fokus auf die schöpferische Leistung Liesl Karlstadts richteten. Allen voran ist es Monika Dimpfl und Gunna Wendt zu verdanken, dass Liesl Karlstadt als eigenständige Künstlerin, die nicht nur auf der Bühne, sondern auch im Entstehungsprozess der Stücke und Solovorträge eine wichtige Rolle spielte, wahrgenommen wurde. 2001 trug auch die Stadt München dieser Erkenntnis endlich Rechnung. Gunna Wendt schuf das Liesl Karlstadt Kabinett im Valentin Musäum, das daraufhin in Valentin-Karlstadt-Musäum umgetauft wurde. Damit erhielt Liesl Karlstadt zumindest hier endlich den ihr gebührenden Platz. Sie selbst hatte ihre völlige Vernachlässigung in der Ausstellung bei ihrem ersten Besuch in den 50er-Jahren schmerzlich wahrgenommen.

Doch so sehr sich das Karlstadt-Bild in der Öffentlichkeit auch verändert hat, Verlage und Herausgeber nehmen dies nur verhalten zur Kenntnis. Noch immer finden sich Filmdokumente der beiden im Verkauf, die nur Valentin auf dem Cover nennen. Erst der Blick auf die Rückseite weist auf die Mitarbeit Liesl Karlstadts hin. Immerhin lässt sich feststellen, dass diese Ignoranz mit den Jahren geringer wurde und sowohl ihr Bild als auch ihr Name die DVD-Ausgabe sämtlicher Kurz- und Spielfilme der beiden von 2009 ziert. Sogar ihre Namen sind in der gleichen Größe angegeben – noch 2002 war Valentins Name viermal so groß wie der seiner Partnerin. Keine Spitzfindigkeit, über die man einfach hinweggehen sollte, zumal die »Karl-Valentin-Gesamtausgabe Ton«, die 2002 im Münchener Trikont Verlag erschienen ist, auf dem Cover wiederum nur Karl Valentin zeigt und nennt, obwohl bei den meisten Aufnahmen auch Liesl Karlstadt zu hören ist.

Dass auf dem Umschlag der Valentin-Werkausgabe nur Karl Valentin als Autor ausgewiesen ist, obwohl sich zahlreiche gemeinsam verfasste Stücke darin befinden, monieren Kritikerinnen seit Jahrzehnten ohne Erfolg. Ria Endres hat im Deutschlandfunk zum 50. Todestag Liesl Karlstadts zu Recht darauf verwiesen, dass auf einer Homepage der Künstlerin heute vermutlich »Autorin, Sängerin, Schauspielerin, Musikerin, Filmerin, Kabarettistin und Bühnenpartnerin Karl Valentins« stehen würde.[250] Man kann sie in der Tat nicht auf ihr schaupielerisches Talent reduzieren – und sei es noch so groß gewesen. Mehr als 35 Jahre arbeiteten Valentin und Karlstadt eng zusammen und brachten fast 400 Szenen und Solovorträge auf die Bühne. Valentin selbst wusste um ihr Können, erkannte die eigenständige Qualität seiner Partnerin durchaus an. Die Herausgeber seiner Werke sind ihr gegenüber weniger fair, obwohl sie in den Anmerkungen einräumen: »(...) bei den meisten anderen Stücken wird Liesl Karlstadt von Valentin als Mitautorin genannt. Das tritt beim Abdruck der Texte im vorliegenden Band nicht immer in Erscheinung, und zwar dann nicht, wenn die Textgrundlage ein von Valentin verantworteter Druck bildet, in dem die vollständige Verfasserangabe fehlt. (...) «[251] Liesl Karlstadt selbst hat es ihnen leicht gemacht und 1953 einen Vertrag unterschrieben, in dem sie auf ihre Namensnennung auf den Titeln sämtlicher Buchausgaben verzichtet. Im Vertrag zwischen dem Piper Verlag, den Erben Valentins und Liesl Karlstadt, in dem Letzterer ein Mitautorenrecht an 25 Werken eingeräumt wird, heißt es: »Die Mitautorin erklärt ausdrücklich ihr Einverständnis damit, dass auf dem Titel sämtlicher Buchausgaben der in § 1 dieses Vertrages aufgeführten Werke ausschließlich Karl Valentin als Verfasser genannt wird.«[252] Im Gegenzug dazu verpflichtete sich der Verlag, ihr Miturheberrecht im Vorwort aller Buchausgaben bekannt zu geben und gebührend zu würdigen. Dafür unterschrieb sie, dass sie an allen übrigen Werken Valentins keinerlei Miturheberrechte beanspruche.

Es waren die 50er-Jahre. Die Gleichberechtigung steckte in den Kinderschuhen und Liesl Karlstadt ereilte ein ähnliches Schicksal wie viele Künstlerinnen vor ihr. Die Malerinnen, Komponistinnen, Schriftstellerinnen aller Jahrhunderte können ein Lied davon singen.

Karl Valentin und Liesl Karlstadt waren eines der wenigen berühmten Komikerpaare, das sich aus einem Mann und einer Frau formierte. Die meisten Komikerduos bestanden aus zwei Männern. Doch niemals kam jemand auf die Idee, Stan Laurel ohne Oliver Hardy zu sehen, Pat über Patachon zu stellen oder Abbott und Costello gegeneinander auszuspielen. Der Weißclown ist nichts ohne den dummen August.

Die Herausgeber der Valentin-Werkausgabe haben in ihrem Nachwort geschrieben: »Liesl Karlstadts Anteil als Mitautorin der Texte lässt sich nicht genauer eingrenzen. Er ist jedenfalls nicht auf die Zusätze von ihrer Hand beschränkt, die oft in den Typoskripten auftauchen. Bei einigen Dialogen, die die Namen beider Autoren tragen und zu denen es Prosavorlagen von Karl Valentin gibt, könnte die Dialogfassung von Liesl Karlstadt stammen. Aber sonst dürfte es eher so sein, dass beide ihren Text gemeinsam entwickelten (…).«[253]

Die Erkenntnis ist längst da. Was fehlt, ist die Umsetzung. Es ist Zeit.

Zeittafel

1892	geboren als Elisabeth Wellano am 12. Dezember in München-Schwabing
1898–1905	Volksschule
1906	Lehre als Verkäuferin im Textilgeschäft Eder am Viktualienmarkt, Wechsel in die Kurzwarenabteilung des Kaufhauses Tietz
1910	erster Auftritt als Soubrette im Frankfurter Hof in München
1911	erste Begegnung mit Karl Valentin
1912	Auftritte mit verschiedenen Münchener Volksänger- und Theaterensembles
1913	Beginn der Zusammenarbeit mit Karl Valentin unter dem Namen Liesl Karlstadt
1915	gemeinsam mit Valentin Leitung des Kabaretts »Wien-München«
1918	erster Auftritt als Kapellmeister
1922–1924	Gastspiele in Zürich, Wien und Berlin
1924	Zusammenarbeit mit Bertolt Brecht in den Münchener Kammerspielen, Uraufführung der »Raubritter vor München«
1930	erstes Soloengagement in »Sturm im Wasserglas« in den Münchener Kammerspielen
1931	Karl Valentin lernt Anne-Marie Fischer kennen
1932	Soloengagement in »Die 3 Gschpusi der Zenta«, Beginn der Verfilmung von Szenen des Komikerpaares
1934	große finanzielle Verluste nach Beteiligung an Karl Valentins Schaukeller-Panoptikum
1935	Nervenzusammenbruch und Selbstmordversuch am 6. April, in den nächsten Jahren mehrere stationäre Aufenthalte in der Psychiatrischen Klinik in der Nußbaumstraße in München
1939	Anne-Marie Fischer wird neue Bühnenpartnerin Valentins
1941	als Gefreiter Gustav einziger weiblicher Mulitreiber der Bayerischen Gebirgsjäger in Ehrwald in Tirol
1947	Erster Auftritt mit Karl Valentin nach siebenjähriger Pause am 6. September
1948	Tod Karl Valentins am 9. Februar
50er-Jahre	Volksschauspielerin in München, große Beliebtheit im Hörfunk in den Serien »Familie Brandl« und »Brummelg'schichten«, kleinere Filmrollen
1960	Tod durch Gehirnschlag am 27. Juli in Garmisch

Anmerkungen

1. Theo Riegler: Das Liesl Karlstadt Buch, München 1961, S. 146.
2. Karlstadt: Alte Münchnerinnen, Interview, in: Liesl Karlstadt: Nebenbeschäftigung Komikerin. Texte und Briefe ausgewählt von Monika Dimpfl, München 2002, S. 75.
3. Riegler: Liesl Karlstadt Buch, S. 8.
4. Monika Dimpfl: Liesl Karlstadt. Immer veränderlich (1892–1960), München 1996, S. 9f.
5. Karlstadt: Der Sommer, in: Nebenbeschäftigung Komikerin, S. 14.
6. Karlstadt: Das Frohnleichnamsfest in Riedering, 8. Juli 1906, in: Ebd., S. 9.
7. Karlstadt: Mein Landaufenthalt, in: Ebd., S. 15.
8. Karlstadt: Alte Münchnerinnen, in: Ebd., S. 75.
9. Amalie Wellano: Einige Aufzeichnungen über meine geliebte Liesl, in: Dimpfl: Immer veränderlich, S. 12.
10. Saxophon und Strickstrumpf: Ein Ferien-Kurzbesuch bei Liesl Karlstadt, hier zitiert nach: Gunna Wendt: Liesl Karlstadt. Ein Leben, München 1998, S. 34.
11. Mizi Meier in einem Brief an Theo Riegler: Liesl Karlstadt Buch, S. 9f.
12. Irene Sack: Münchner Porträts. Liesl Karlstadt als Kameliendame. *Süddeutsche Sonntagspost*, 24. März 1929, in: Karlstadt: Nebenbeschäftigung Komikerin, S. 78.
13. Karlstadt in: Riegler: Liesl Karlstadt Buch, S. 10.
14. Saxophon und Strickstrumpf, in: Wendt: Leben, S. 35.
15. Ebd., S. 50.
16. Warenhaus Hermann Tietz, Zeugnis für Fräulein Elise Wellano, München 15. Februar 1911, Monacensia Literaturarchiv München, Familienchronik Liesl Karlstadts, LK Teilnachlass D2 Biografische Dokumente II.
17. Saxophon und Strickstrumpf, in: Wendt: Leben, S. 35.
18. Typoskript im Nachlass von Liesl Karlstadt, hier wiedergegeben nach: Gunna Wendt: Liesl Karlstadt: Münchner Kindl und Travestiestar, Berlin 2007, S. 24.
19. Dimpfl: Immer veränderlich, S. 21.
20. Karlstadt: Alpenveilchen, Liesl Karlstadt erzählt wie sie Karl Valentins Partnerin wurde, in: Karl Valentins Panoptikum, hrsg. v. Gerhard Pallmann, München 1952, S. 16f.
21. Ebd., S.18.
22. »Wie kamen die zwei bloß zusammen?«, undatierter Zeitungsausschnitt, Valentin-Karlstadt-Musäum München: Liesl Karlstadt Bühnenalbum 1.
23. Karlstadt: Alpenveilchen, in: Pallmann: Panoptikum, S. 15.
24. Karlstadt: Karl Valentin und ich, in: Nebenbeschäftigung Komikerin, S. 29.
25. Karl Valentin: Wie ich Volkssänger wurde, in: Karl Valentin Werke in 9 Bänden, hrsg. v. Helmut Bachmaier und Stefan Henze, Band 7 © Piper Verlag GmbH München 2007, S. 15.
26. Hörfunkinterview Karlstadt, Mitschrift nach Bardischewski; Hörfunksendung (NDR) »Das Leben beim Wort genommen. Wortteile von Karlstadt« von Josef Müller-Marein, in: Michael Schulte: Karl Valentin. Eine Biographie, Hamburg 1982, S. 47.
27. Karlstadt: Müller und sein Kind. Erlebnis von Liesl Karlstadt 1913, in: Nebenbeschäftigung Komikerin., S. 19f.
28. Riegler: Liesl Karlstadt Buch, S. 17f.
29. Karlstadt: Alpenveilchen, in: Pallmann: Panoptikum, S. 19f.
30. Riegler: Liesl Karlstadt Buch, S. 19.
31. Valentin: Brief an Liesl Karlstadt München 31. Dezember 1912: in: Valentin Werke, Band 9, Hochwohlgeborene Firma! Briefe, hrsg. v. Gerhard Gönner, München 2007, S.19.
32. Riegler: Liesl Karlstadt Buch, S. 19.
33. Karlstadt: Alpenveilchen, in: Pallmann: Panoptikum, S. 23.

34 Bühnenalbum Liesl Karlstadt, in: Wendt: Leben S. 62f.
35 Karlstadt: Alpenveilchen, in: Pallmann: Panoptikum S. 28.
36 Valentin: Meine Filmlaufbahn von 1913 bis heute, in: Valentin Werke, Band 8 © Piper Verlag GmbH München 2007, S. 413.
37 Karlstadt Bühnenalbum, in: Dimpfl: Immer veränderlich, S. 28f..
38 Ladislaus Couplet, ebd., S. 28.
39 Wendt: Travestiestar, S. 9.
40 Dimpfl: Immer veränderlich, S. 36.
41 Auf der Wohnungssuche im Jahre 1915, in: Valentin Werke, Band 1 © Piper Verlag GmbH München 2007, S. 71.
42 3 Pfund Äpfe 25 Pfening, ebd., S. 81.
43 Die Frau Funktionär, Komischer Vortrag aus dem Jahre 1918, ebd., S. 65.
44 Undatierter Zeitungsausschnitt zu Auftritten in der Monachia 1921, in: Dimpfl: Immer veränderlich, S. 26.
45 Die Frau Funktionär, in: Valentin Werke, Band 1 © Piper Verlag GmbH München 2007, S. 63.
46 Karlstadt: »Verehrte AZ! ...«, in: Nebenbeschäftigung Komikerin, S. 86.
47 Oktoberfestschau in: Valentin Werke, Band 3 © Piper Verlag GmbH München 2007, S. 27.
48 Lion Feuchtwanger: Erfolg, Berlin 1997, S. 218f.
49 Quo Vadis, in: Valentin Werke, Band 1 © Piper Verlag GmbH München 2007, S. 85.
50 Undatierter Zeitungsausschnitt zu Auftritten im Charivari 1920, Valentin-Karlstadt-Musäum München: Liesl Karlstadt Bühnenalbum 1.
51 Die Hausmoasterin, in: Valentin Werke Band 1 © Piper Verlag GmbH München 2007, S. 82.
52 Undatierter Zeitungsausschnitt zu Auftritten im Germania Brettl, Februar 1922, Valentin-Karlstadt-Musäum München: Liesl Karlstadt Bühnenalbum 1.
53 Bühnenalbum 1 Liesl Karlstadt, hier wiedergegeben nach: Wendt: Travestiestar, S. 7.
54 Karlstadt: An Bord, in: Nebenbeschäftigung Komikerin, S. 25.
55 Bach: Schauspielerin, S. 65.
56 Riegler: Liesl Karlstadt Buch, S. 34f.
57 Karlstadt: Valentin und ich, in: Nebenbeschäftigung Komikerin, S. 31f.
58 Mein Münchner Film. Zeitungsausschnitt, Valentin-Karlstadt-Musäum München: Liesl Karlstadt Bühnenalbum 1.
59 Bach: Schauspielerin, S. 60.
60 Karlstadt: Valentin und ich, in: Nebenbeschäftigung Komikerin, S. 31.
61 Ebd.
62 Karlstadt: Wie ›Der Firmling‹ entstand, in: Ebd., S. 24.
63 Bach: Schauspielerin, S. 59.
64 Anton Kuh 1928, zitiert in: Kurzer Rede langer Sinn. Texte von und über Karl Valentin, hrsg. v. Helmut Bachmeier, München 1990, S.341.
65 Valentin: Wie ich Volkssänger wurde, in: Valentin Werke Band 7 © Piper Verlag GmbH München, 2007, S. 15.
66 Bach: Schauspielerin, S. 63.
67 Karlstadt: Hörfunkinterview mit Liesl Karlstadt von Josef Müller-Marein, wiedergegeben nach: Schulte: Valentin, S. 59.
68 Karlstadt: Verein ›Die Katzenfreunde‹, in: Nebenbeschäftigung Komikerin, S. 48f.
69 Liesl Karlstadt als »Kameliendame«, *Süddeutsche Sonntagspost* 24. März 1929, in: Ebd., S. 78.
70 Feuchtwanger: Erfolg, S. 225f.
71 *Weltbühne*, in: Florence Hervé / Ingeborg Nödinger: Lexikon der Rebellinnen: Liesl Karlstadt, München 1996, S. 145.
72 Karlstadt: »Verehrte AZ! ...«, in: Nebenbeschäftigung: Komikerin, S. 86.
73 Josef Memminger: Karl Valentin. Der grantige Clown, Regensburg 2011, S. 78
74 Karlstadt: Abschrift für das Buch ›Köpfe in Altbayern‹ in: Nebenschäftigung Komikerin S. 82.
75 Karlstadt: Das Leben beim Wort genommen, in: Schulte: Valentin, S. 59.
76 Karlstadt: Alte Münchnerinnen, in: Nebenbeschäftigung Komikerin S. 76.
77 Karlstadt: Einleitung zu Karl Kurt Wolter: Karl Valentin privat, München 1958, S. 5f.

78 Ebd., S. 5.
79 Riegler: Liesl Karlstadt Buch, S. 44.
80 Ebd., S. 131.
81 Ebd., S. 44.
82 Ebd., S. 47.
83 Was Schwester Mali über Liesl Karlstadt weiß. Interview mit Amalie Wellano, Monacensia Literaturarchiv und Bibliothek München, Nachlass Liesl Karlstadt B 11.
84 Karlstadt: Einleitung zu Wolter: Valentin privat, S. 6.
85 Karlstadt: Stürmische Bodenseefahrt in: Nebenbeschäftigung Komikerin, S. 33
86 Ebd., S. 34.
87 Ebd., S. 34f.
88 Ebd., S. 33.
89 Erich Kocian: Ihr Weg begann in München, *8-Uhr Blatt*, 22. November 1958, Monacensia Literaturarchiv und Bibliothek München, Nachlass Liesl Karlstadt B 11.
90 Wendt: Leben, S. 164.
91 Kurt Tucholsky: Der Linksdenker, in: Gesammelte Werke Band 3 1921–1924, Reinbek bei Hamburg 1996, S. 474–476.
92 Undatierter Zeitungsartikel vom Januar 1928 in der Berliner Presse über den Auftritt im Kabarett der Komiker, Valentin-Karlstadt-Musäum München, Liesl Karlstadt Bühnenalbum 1.
93 »Zwei Menschen aus München«, undatierter Zeitungsausschnitt, ebd.
94 Foto mit Widmung von Liesl Karlstadt 1932 an Karl Valentin, in: Münz, Elisabeth / Münz Erwin (Hg.): Geschriebenes von und an Karl Valentin. Eine Materialiensammlung 1903–1948, München 1978, S. 168.
95 Bertolt Brecht: Karl Valentin, in: Brecht: Schriften. Ausgewählte Werke in sechs Bänden Band 6, Frankfurt a. M. 1997, S. 19.
96 Karlstadt: Alte Münchnerinnen, in: Nebenbeschäftigung Komikerin S. 76.
97 Wendt: Leben S. 81f.
98 Andreas Koll: Volkskünstlerinnen: Liesl Karlstadt, Bally Prell, Erni Singerl, München 2008, S. 119.
99 Valentin an Karlstadt vor 1948 in: Valentin Werke, Band 6 © Piper Verlag GmbH München 2007, S. 223.
100 Dimpfl: Karl Valentin, S. 85.
101 Valentin an Karlstadt 28. April 1932 nach Torbole/Gardasee, Werke, Band 6 © Piper Verlag GmbH München 2007, S. 52 .
102 Riegler: Liesl Karlstadt Buch, S. 58
103 Max Ophüls: Spiel im Dasein. Eine Rückblende, Stuttgart 1959, S. 155.
104 Karlstadt: Einleitung zu Wolter, Valentin privat, S. 6.
105 Alfons Schweiggert: Karl Valentin und die Frauen, München 1997, S. 84.
106 Karlstadt, in: »Sie weiß was«, in: Valentin Werke, Band 8 © Piper Verlag GmbH München 2007, S. 46.
107 Kommentar zu »Sie weiß was«, in: Ebd., S. 457.
108 Dimpfl: Immer veränderlich, S. 89f.
109 Valentin an Karlstadt aus Berlin 1936, in: Werke Band 6 © Piper Verlag GmbH München 2007, S. 92f.
110 Ophüls: Spiel, S. 155.
111 Gisela Freilinger-Valentin: Karl Valentins Pechmarie. Eine Tochter erinnert sich, Pfaffenhofen 1988, S. 74.
112 Gisela Fey: Interview im *Münchner Merkur*, 21./22. Januar 1956.
113 Michael Schulte: Valentin S.21.
114 Schweiggert: Valentin und die Frauen, S. 37.
115 Valentin: Ich bin ein Mensch, 1943, in: Werke, Band 7 © Piper Verlag GmbH München 2007, S. 39.
116 Erich Engels: Philosophie am Mistbeet, München 1969, S. 37–49.
117 Joseph Rankl in Riegler: Liesl Karlstadt Buch, S. 49.
118 Sorgen am Krankenbett. Die *Sonntagspost* bei Liesl Karlstadt 1949, in: Karlstadt: Nebenbeschäftigung Komikerin S. 80.
119 Dimpfl: Karl Valentin S. 221.
120 Valentin an Lotte Lang 28. Januar 1933, in: Werke Band 6 © Piper Verlag GmbH München 2007, S. 60.
121 Valentin an den Ehemann seiner Sekretärin Eva Friedrich 1932/33 in: Ebd., S. 62.

122 Dimpfl: Karl Valentin, S. 251.
123 Valentin an Karlstadt Anfang 1936 in: Werke, Band 6 © Piper Verlag GmbH München 2007, S. 78.
124 Schweiggert: Valentin und die Frauen, S. 159.
125 Ebd.
126 Anne-Marie Fischer-Grubinger: Mein Leben mit Karl Valentin, Rastatt 1982, S. 11.
127 Ebd., S. 186.
128 Ebd., S. 120.
129 Undatierter Zeitungsausschnitt zu »Sturm im Wasserglas«, Valentin-Karlstadt-Musäum München: Liesl Karlstadt Bühnenalbum 1.
130 Ebd.
131 Ebd.
132 Ebd.
133 Tim Klein: »Liesl Karlstadt«, ebd.
134 Wilhelm von Hausenstein: »Applaus für Liesl Karlstadt«, ebd.
135 Visitenkarte Herr und Frau Thomas Mann, Valentin-Karlstadt-Musäum. München: Liesl Karlstadt Bühnenalbum 1.
136 Bach: Schauspielerin, S. 64.
137 Valentin: Absolvierte Engagements 1930, in: Werke Band 9 © Piper Verlag GmbH München 2007, S. 32.
138 »Was nützt heute am meisten unsere Nerven ab«?, Umfrage *Illustrierter Sonntag*, undatierter Zeitungsausschnitt, Valentin-Karlstadt-Musäum München, Liesl Karlstadt Bühnenalbum 1.
139 Valentin an Karlstadt Februar / März 1937, in: Werke, Band 9 © Piper Verlag GmbH München 2007, S. 121.
140 Fischer: Mein Leben mit Karl Valentin, S. 119.
141 Ebd., S. 115, 119.
142 Valentin an Karlstadt Februar / März 1937, in: Werke, Band 9 © Piper Verlag GmbH München 2007, S. 121.
143 Valentin an Karlstadt 28. Oktober 1932, in: Werke, Band 6 © Piper Verlag GmbH München 2007, S. 56.
144 Karlstadt: Karl Valentin, Das Münchner Original, in: Nebenbeschäftigung Komikerin, S. 40.
145 Valentin an Karlstadt Februar / März 1937, in: Werke, Band 9 © Piper Verlag GmbH München 2007, S. 121.
146 Bertl Valentin: Du bleibst da und zwar sofort. Mein Vater Karl Valentin, München 2007, S. 116.
147 Schulte: Valentin, S. 160f.
148 Eugen Roth: Valentins Gruselkeller in: Sämtliche Werke, Fünfter Band, Anekdoten und Erinnerungen, München 1977, S. 177.
149 Ebd., S. 178.
150 Schulte: Valentin, S. 163.
151 Karl Valentins Selbstbiographie in: Pallmann: Panoptikum, S. 12.
152 Wendt: Travestie, S. 75.
153 Krankenakte von Liesl Karlstadt ausführlich abgedruckt in Wendt: Leben S. 186. Zu den im Weiteren geschilderten Angaben zur Befragung Amalie Wellanos, Karl Valentins und Dr. Leonhard Seif siehe ebenfalls Wendt: Leben, S. 185–200.
154 Fischer: Mein Leben mit Karl Valentin, S. 117.
155 Krankenakte Karlstadt 9. Mai 1935, in: Wendt: Leben, S. 193, 196.
156 Bühnenalbum Karlstadt, in: Dimpfl: Immer veränderlich, S. 25.
157 Krankenakte Karlstadt 27. Juli 1935, in: Wendt: Leben, S. 197.
158 Krankenakte Karlstadt 17. April 1935, in: Ebd., S. 193.
159 Valentin an Karlstadt Anfang 1936, in: Werke, Band 6 © Piper Verlag GmbH München 2007, S. 75.
160 Valentin an Karlstadt 2. Oktober 1935, in: Ebd., S. 72f.
161 Valentin an Karlstadt Juli 1935, in: Ebd., S. 72.
162 Valentin an Karlstadt 2. Oktober 1935, in: Ebd., S. 73.
163 Valentin an Karlstadt Anfang 1936, in: Ebd., S. 76.
164 Krankenakte Karlstadt 5. August 1935 in: Wendt: Leben, S. 198.
165 Krankenakte Karlstadt 12. April 1935, in: Ebd., S. 193.
166 Krankenakte Karlstadt 13. Juli 1935, in: Ebd., S. 193.
167 Engels: Mistbeet, S. 25.
168 Krankenakte Karlstadt 30. August 1935 in: Wendt: Leben S. 198.
169 Engels: Mistbeet, S. 26.
170 Krankenakte Karlstadt 24. Oktober 1935 in: Wendt: Leben, S. 199.

171 Krankenakte Karlstadt 2. Oktober 1935, in: Wendt: Leben, S. 199.
172 Krankenakte Karlstadt 28. November 1935, in: Ebd., S. 200.
173 Riegler: Liesl Karlstadt Buch, S. 68.
174 Valentin an Karlstadt Anfang 1936, in: Werke, Band 6 © Piper Verlag GmbH München 2007 S. 76.
175 Ebd., S. 78.
176 Ebd., S. 74.
177 Ebd., S. 78.
178 Ebd.
179 Valentin an Karlstadt im Sommer 1937, in: Ebd., S. 114.
180 Valentin an Karlstadt 13. September 1936, in: Ebd., S. 93.
181 Karlstadt an Gustav, 21. November 1936 aus Berlin, in: Dimpfl: Immer veränderlich, S. 96.
182 Valentin an Karlstadt, 26. Oktober 1936 in: Werke, Band 6 © Piper Verlag GmbH München 2007, S. 94.
183 Karlstadt an Valentin, 16. November 1936 aus Berlin, in: Nebenbeschäftigung: Komikerin, S. 102.
184 Karlstadt an Valentin, November 1936 aus Berlin, in: Ebd., S. 101.
185 Karlstadt an Valentin, 11. Januar 1937 aus Berlin, in: Ebd., S. 103.
186 Karlstadt an Valentin, 16. Juli 1937 aus Lenggries, in: Ebd., S. 105.
187 Valentin an Karlstadt, Herbst 1938, in: Werke, Band 6 © Piper Verlag GmbH München 2007, S. 125.
188 Ebd., S. 126.
189 Valentin an Karlstadt, Anfang 1936, in: Ebd., S. 78.
190 Fischer: Mein Leben mit Valentin, S. 123, 156.
191 Ebd., S. 156.
192 Riegler: Liesl Karlstadt Buch, S. 65.
193 Ebd., S. 84f.
194 Valentin an Karlstadt 9. Februar 1941 in: Werke, Band 6 © Piper Verlag GmbH München 2007, Briefe, S. 162.
195 Valentin an Karlstadt 14. Februar 1941, in: Ebd., S. 164.
196 Riegler: Liesl Karlstadt Buch, S. 92.
197 Ebd., S. 93.
198 Ebd., S. 94.
199 Valentin an Karlstadt 22. August 1943, in: Werke, Band 6 © Piper Verlag GmbH München 2007, S. 188.
200 Valentin an Karlstadt 5. Februar 1941, in: Werke, Band 6 © Piper Verlag GmbH München 2007, S. 161.
201 Riegler: Liesl Karlstadt Buch, S. 104.
202 Karlstadt an Valentin 4. Juni 1942 in: Nebenbeschäftigung Komikerin, S. 106.
203 Karlstadt: Geburtstagsgedicht für Karl Valentin, München 4. Juni 1932, in: Nebenbeschäftigung Komikerin, S. 92.
204 Riegler: Liesl Karlstadt Buch, S. 99.
205 Ebd., S. 99.
206 Ebd., S. 100.
207 Valentin an Karlstadt 22. August 1943 in: Werke, Band 6 © Piper Verlag GmbH München 2007, S. 188.
208 Kameradenkreis der alten Gebirgsjäger an Liesl Karlstadt 27. Mai 1952, Monacensia Literaturarchiv und Bibliothek München, Teilnachlass Liesl Karlstadt B 3.
209 Kameradenkreis der alten Gebirgsjäger an Liesl Karlstadt 12. Dezember 1957, ebd.
210 Karlstadt: Die deutsche Laugenbretzel in: Volker Kühn: Deutschlands Erwachen. Kabarett unterm Hakenkreuz 1933–1945, Hemsbach 1989, S. 156.
211 Valentin an den Reichsfilmdramaturgen 28. Juli 1937, in: Werke Band 6 © Piper Verlag GmbH München 2007, S. 112 .
212 *Der Spiegel* Nr. 23, 4. Juni 2007, S. 173.
213 Valentin an den Präsidenten der Reichsfilmkammer 9. November 1934, in: Werke, Band 6 © Piper Verlag GmbH München 2007, S. 68–70.
214 Valentin an den Regisseur Hans Zerrlett 25. Juli 1937 in: Ebd., S. 110–111.
215 Valentin an Karlstadt Sommer 1937, in: Ebd., S. 115.
216 Valentin an Karlstadt 11. Februar 1941, Ebd., S. 164.
217 Entnazifizierungsakte Karl Valentin, Valentin-Karlstadt-Musäum, Archiv.
218 Valentin an Karlstadt, 1945, Werke, Band 6 © Piper Verlag GmbH München 2007, S. 200.
219 Valentin an die Leser der *Süddeutschen Zeitung*, 24. Dezember 1947, Ebd., S. 220.

155

220 Valentin an Karlstadt 22. Dezember 1947, Ebd., S. 220.
221 Tourneebuch Liesl Karlstadt, Monacensia Literaturarchiv und Bibliothek München, Nachlass D 13.
222 Valentin an Karlstadt vor 1948 in: Werke, Band 6 © Piper Verlag GmbH München 2007, S. 223.
223 Dankeskarte zum Tode Karl Valentins, Valentin-Karlstadt-Musäum München: Liesl Karlstadt Bühnenalbum 4.
224 Karlstadt: Sorgen am Krankenbett in: Nebenbeschäftigung Komikerin S. 80.
225 *Münchner Tagebuch* 13. März 1948, Nr. 10, Valentin-Karlstadt-Musäum München, Liesl Karlstadt Bühnenalbum 4.
226 Karlstadt: Verehrte AZ! …, in: Nebenbeschäftigung Komikerin, S. 86
227 *Abendblatt* 2. Dezember 1950, Valentin-Karlstadt-Musäum, München, Liesl Karlstadt Bühnenalbum 4.
228 Riegler: Liesl Karlstadt Buch, S. 126.
229 Ebd., S. 130.
230 Karlstadt: Ich und der Film, *SZ im Bild* 7. Juni 1952 in: Nebenbeschäftigung Komikerin, S. 83.
231 Ebd., S. 83.
232 Ebd., S. 84.
233 Karlstadt: Sorgen am Krankenbett in: Ebd. S. 80.
234 Koll: Volkskünstlerinnen, S. 130.
235 Karlstadt an Joseph Rankl, 16. Juni 1948, in: Nebenbeschäftigung Komikerin S. 108.
236 Riegler: Liesl Karlstadt Buch, S. 134.
237 Ebd., S. 136.
238 Koll: Volkskünstlerinnen, S. 127.
239 Undatierter Zeitungsausschnitt Liesl Karlstadt Bühnenalbum 4, in: Ebd., S. 131.
240 Karlstadt: Verehrte AZ! …, in: Nebenbeschäftigung Komikerin S. 86.
241 Riegler: Liesl Karlstadt Buch, S. 129.
242 Zeitungsausschnitt Bühnenalbum 4, Koll: Volkskünstlerinnen, S. 132.
243 Riegler: Liesl Karlstadt Buch, S. 146.
244 Ebd., S. 142.
245 Erika Mann an Liesl Karlstadt 25. September 1958, Monacensia Literaturarchiv und Bibliothek München, Nachlass Erika Mann EM B830.
246 Karlstadt: Nebenbeschäftigung Komikerin, S. 120.
247 Hannes König in: Gudrun Köhl: Liesl Karlstadt. Unsterbliche Partnerin Karl Valentins, München 1980, S. 18.
248 Ernestine Koch: Liesl Karlstadt. Frau Brandl. Die Rolle ihre Lebens, Dachau 1968, S. 163.
249 Karlstadt: Zur Einweihung des Valentin-Brunnens am 18. Oktober 1953 in: Nebenbeschäftigung Komikerin, S. 42.
250 Ria Endres: Liesl Karlstadt, Komikerin mit vielen Gesichtern, Deutschlandfunk 13.06.2010.
251 Valentin Werke, Band 5 © Piper Verlag GmbH München 2007, S. 553.
252 Valentin Werke, Band 9 © Piper Verlag GmbH München 2007, S. 76.
253 Valentin Werke, Band 5 © Piper Verlag GmbH München 2007, S. 553.

Literaturverzeichnis

TONDOKUMENTE / HÖRBUCH / FILME

Karlstadt, Liesl: Verrückte Märchen und komische Lieder. Aufnahmen von 1919–1955, hg. v. Monika Dimpfl / Achim Bergmann, München 2001

Karl Valentin und Liesl Karlstadt. Die Kurzfilme. 3 DVDs, München 2008

Karl Valentin und Liesl Karlstadt. Die Spielfilme. 3 DVDs, München 2004

Liesl Karlstadt und Karl Valentin. Ein Film von Jo Baier, München 2008

Valentin, Karl: Gesamtausgabe Ton 1928–1947, hg. v. Andreas Koll / Achim Bergmann, München 2002

Valentin, Karl / Karlstadt, Liesl: Geschichten aus der Nachkriegszeit, Stuttgart 1998

Valentin, Karl / Karlstadt, Liesl: Karl Valentin und die Frauen. Monologe, Dialoge und Couplets von und mit Karl Valentin und Liesl Karlstadt, hg. v. Gunter Fette, München 2007

Valentin, Karl / Karlstadt, Liesl: Karl Valentin und die Musik. Monologe, Dialoge und Couplets von und mit Karl Valentin und Liesl Karlstadt, hg. v. Gunter Fette, München 2007

Valentin, Karl / Karlstadt, Liesl: Karl Valentins wahrhaftige Weltbetrachtung. Monologe, Dialoge und Szenen von und mit Karl Valentin und Liesl Karlstadt, hg. v. Gunter Fette, München 2007

Valentin, Karl / Karlstadt, Liesl et al.: Karl Valentin und die Gesundheit. Monologe, Dialoge und Couplets von und mit Karl Valentin und Liesl Karlstadt, hg. v. Gunter Fette, München 2007

Schulte, Michael: Das Leben des Karl Valentin. Jubiläumsausgabe. 7 CDs: Eine klingende Biographie mit Originalzitaten in 7 Teilen, München 2004

GEDRUCKTE QUELLEN

Bach, Rudolf: Die Frau als Schauspielerin, Tübingen 1937

Bachmaier, Helmut (Hg.): Kurze Rede langer Sinn. Texte von und über Karl Valentin, München 1990

Brecht, Bertolt: Ausgewählte Werke in sechs Bänden, Sechster Band: Schriften, Frankfurt a. M. 1997

Bronnen, Barbara: Karl Valentin – Liesl Karlstadt. Blödsinnskönig-Blödsinnskönigin, Berlin 1998

Dimpfl, Monika: Immer veränderlich. Liesl Karlstadt (1892–1960), München 1996

Dimpfl, Monika: Karl Valentin. Biografie, München 2007

Engels, Erich: Philosophie am Mistbeet. Ein Karl Valentin Buch, München 1969

Endres, Ria: Liesl Karlstadt und ihre Verwandlungskunst, Ulm 2010

Festner, Katharina / Raabe Christiane: Spaziergänge durch das München berühmter Frauen, Zürich / Hamburg 1997

Feuchtwanger, Lion: Erfolg, Berlin 1997

Fischer-Grubinger, Anne-Marie: Mein Leben mit Karl Valentin, Rastatt 1982

Freilinger-Valentin, Gisela: Karl Valentins Pechmarie. Eine Tochter erinnert sich. Bearbeitet und herausgegeben von Max Auer, München 1988

Gronenborn, Klaus: Karl Valentin. Filmpionier und Medienhandwerker, Berlin 2007

Hervé, Florence / Nödinger, Ingeborg: Lexikon der Rebellinnen, München 1999

Hildebrandt, Irma: Bin halt ein zähes Luder. 15 Münchner Frauenporträts, München 1999.

Karl, Michaela: Bayerische Amazonen, München 2010

Karlstadt, Liesl: Nebenbeschäftigung: Komikerin, Texte und Briefe, hrsg. v. Monika Dimpfl, München 2002

Klein, Thomas: Komödiantinnen im frühen 20. Jahrhundert. Liesl Karlstadt und Adele Sandrock, Alfeld/Leine 1999

Koch, Ernestine: Liesl Karlstadt. Frau Brandl. Die Rolle ihres Lebens, Dachau 1986

Köhl, Gudrun: Liesl Karlstadt. Unsterbliche Partnerin Karl Valentins. Ein Lebensbild, München 1980

Koll, Andreas: Volkskünstlerinnen. Liesl Karlstadt, Bally Prell, Erni Singerl. Die Geschichte des Volkstümlichen in der Unterhaltung, München 2008

Kühn, Volker: Deutschlands Erwachen. Kabarett unterm Hakenkreuz 1933–1945, Weinheim und Berlin 1989

Memminger, Josef: Karl Valentin. Der grantige Clown, Regensburg 2011

Münz, Erwin und Elisabeth (Hg.): Geschriebenes von und an Karl Valentin. Eine Materialiensammlung 1903–1948, München 1978

Ophüls, Max: Spiel im Dasein. Eine Rückblende, Stuttgart 1959

Pallmann, Gerhard (Hg.): Karl Valentins Panoptikum, München 1952

Riegler, Theo: Das Liesl Karlstadt Buch, München 1961

Roth, Eugen: Sämtliche Werke. Fünfter Band: Anekdoten und Erinnerungen, München 1977

Schulte, Michael: Karl Valentin. Eine Biographie, Hamburg 1982

Schulte, Michael: Karl Valentin mit Selbstzeugnissen und Bilddokumenten, Reinbek bei Hamburg, 1993

Schweiggert, Alfons: Karl Valentins Panoptikum. Wie es ächt gewesen ist. Gezeichnet von Alfons Schweiggert, München 1985

Schweiggert, Alfons: Ja, lachen Sie nur! Die schönsten Karl Valentin-Anekdoten und Witze. Dachau 1996

Schweiggert, Alfons: Karl Valentin und die Frauen, München 1997

Schweiggert, Alfons: Karl Valentins Stummzeit. Grünwalder und Planegger Jahre 1941 bis 1948, München 1998

Schweiggert, Alfons: Karl Valentin. Der Münchnerischste aller Münchner, München 2007

Schweiggert, Alfons: Karl Valentin und die Politik oder die Einmischung in die Nichteinmischung, München 2011

Tucholsky, Kurt: Gesammelte Werke Band 3 1921–1924, Reinbek bei Hamburg 1996.

Valentin, Bertl: Du bleibst da und zwar sofort! Mein Vater Karl Valentin, München 2007.

Valentin, Karl: Sämtliche Werke, Band 1: Klagelied einer Wirtshaussemmel. Monologe und Soloszenen, hrsg. v. Helmut Bachmaier/ Dieter Wöhrle, München 2007

Valentin, Karl: Sämtliche Werke, Band 2: Mich geht's ja nix an. Couplets, hrsg. v. Helmut Bachmaier / Stefan Henze, München 1994

Valentin, Karl: Sämtliche Werke, Band 3: Valentin fährt Strassenbahn. Szenen, hrsg. v. Helmut Bachmaier / Stefan Henze, München 2007

Valentin, Karl: Sämtliche Werke, Band 4: Buchbinder Wanninger, Dialoge, hrsg. v. Manfred Faust / Andreas Hohenadl, München 2007

Valentin, Karl: Sämtliche Werke, Band 5: Der Firmling. Stücke, hrsg. v. Manfred Faust / Stefan Henze in Zusammenarbeit mit Andreas Hohenadl, München 2007

Valentin, Karl: Sämtliche Werke, Band 6: Hochwohlgeborene Firma. Briefe, hrsg. v. Gerhard Gönner, München 2007

Valentin, Karl: Sämtliche Werke, Band 7: Karl Valentins Selbstbiographie. Autobiographisches und Vermischtes, hrsg. v. Stefan Henze/Andrea Heizmann in Zusammenarbeit mit Max Auer, München 2007

Valentin, Karl: Sämtliche Werke, Band 8: Das Aquarium. Filme und Filmprojekte, hrsg. v. Helmut Bachmaier/Klaus Gronenborn, München 2007

Valentin, Karl: Sämtliche Werke, Band 9: Dokumente, Nachträge, Register, hrsg. v. Manfred Faust/ Gerhard Gönner, München 2007

Wendt, Gunna: Liesl Karlstadt. Ein Leben, München 1998

Wendt, Gunna: Liesl Karlstadt. Münchner Kindl und Travestie-Star, Berlin 2007

Wolter, Karl Kurt: Karl Valentin – privat. Im letzten Jahrzehnt seines Lebens beobachtet. Mit einer Einleitung von Liesl Karlstadt, München 1958

Bildnachweis

Sämtliche Bilder im Innenteil des Buches wurden freundlicherweise zur Verfügung gestellt vom Valentin-Karlstadt-Musäum / Münchener Stadtmuseum.

Umschlagmotive: Vorderseite: Liesl Karlstadt im Januar 1934. Stadtarchiv München; Rückseite: Liesl Karlstadt als Musikal-Clown in der Szene „Der verhexte Notenständer", 1928. Valentin-Karlstadt-Musäum / Münchener Stadtmuseum.

Dank

Mein besonderer Dank gilt Liesl Karlstadts langjährigem Freund und Bühnepartner Walter Fiedler, der seine Erinnerungen und sein großes Wissen über Liesl Karlstadt so bereitwillig mit mir geteilt hat. Ich danke herzlich Sabine Rinberger und Andreas Koll vom Valentin-Karlstadt-Musäum, die viele Stunden geopfert haben, um mich mit Informationen und Archivmaterial zu füttern. Auch die Monacenisa München hat meine Recherchen dankenswerterweise vollumfänglich unterstützt. Prof. Dr. Frido Mann danke ich für die Erlaubnis, aus einem Brief seiner Tante Erika Mann zu zitieren.

Bibliografische Information der Deutschen Nationalbibliothek
Die Deutsche Nationalbibliothek verzeichnet diese Publikation
in der Deutschen Nationalbibliografie; detaillierte bibliografische Daten
sind im Internet über http://dnb.dnb.de abrufbar.

2., durchgesehene Auflage

ISBN 978-3-7917-2358-7
© 2011 by Verlag Friedrich Pustet, Regensburg
Reihen-/Umschlaggestaltung und Layout: Martin Veicht, Regensburg
Satz: Vollnhals Fotosatz, Neustadt a. d. Donau
Druck und Bindung: Friedrich Pustet, Regensburg
Printed in Germany 2018

Weitere Publikationen aus unserem Programm finden Sie auf www.verlag-pustet.de
Informationen und Bestellungen unter verlag@pustet.de